AF592463

LA PROSODIE LYRIQUE

LA
PROSODIE LYRIQUE

PAR

J. M. MAYAN

Prix net: 20 fr.

PARIS
PAUL DUPONT, ÉDITEUR
4. RUE DE BOULOI
1900

Impr. de C. G. Röder, Paris.

À MONSIEUR

THÉODORE DUBOIS

MEMBRE DE L'INSTITUT

DIRECTEUR DU CONSERVATOIRE NATIONAL DE MUSIQUE

ET DE DÉCLAMATION.

UN MOT

La Prosodie lyrique!

Est-ce bien là, le titre que devrait porter notre ouvrage? Il est évident, que celui-ci est inexact, si l'on s'en tient scrupuleusement à la définition du mot « Prosodie » telle qu'elle est donnée, dans Littré et Larousse.

Aussi, demandons-nous à élargir cette définition, « Prosodie », signifiera pour nous, l'ensemble des règles, qui enseignent à distinguer, les syllabes longues, des syllabes brèves, les règles, qui nous apprennent à mettre en valeur, les mots rayonnants, les dominants, de la phrase; celles qui nous en diront, la coupe rationnelle et logique et qui nous guideront dans l'interprétation vraie.

Par « Prosodie lyrique », nous entendrons l'adaptation logique de la phrase musicale, à la phrase littéraire.

D'ailleurs, on ne pourrait nous faire là-dessus, qu'une chicane de mots.

Ce qui nous semble plus important, c'est de savoir si ce livre répond à un besoin, s'il fut écrit dans un esprit pratique, avec franchise et bonne foi. Là-dessus, croyons-nous, nos lecteurs auront vite leur opinion faite.

L'étude de la Prosodie lyrique est appelée à rendre de précieux services aux compositeurs. *Car, si en Art, sentir est bien, s'exprimer nettement, est mieux.* Pour un poète, comme pour un musicien, l'idéal est d'exposer ses sentiments avec une telle clarté, que tout le monde puisse les comprendre et les partager.

En musique, au théâtre, on n'arrive à ce résultat, qu'avec une excellente prosodie.

C'est pour faire cette démonstration que nous avons entrepris d'écrire cet ouvrage.

J. M. Mayan.

DE LA PROSODIE LYRIQUE

Les quelques réflexions que nous avons données sur la prosodie, dans notre précédent ouvrage « Le Chant et la Voix » (1), nous ont valu de si flatteuses appréciations et de si précieux encouragements, que nous avons pensé, qu'il ne serait peut-être pas sans utilité et sans intérêt, de reprendre et de compléter cette étude.

C'est, ce que nous tentons de faire aujourd'hui.

Mais hâtons-nous d'ajouter, que nous n'avons nullement l'intention d'apporter dans ce livre, des lois et des règles nouvelles, nous laissons cette tâche, à d'autres, plus désignés que nous, ou plus aventureux peut-être, pour la remplir.

Il nous paraît d'ailleurs, qu'en prosodie, comme en bien d'autres matières, tout a été dit, et que les règles (oubliées ou dédaignées, il est vrai) ont été édictées depuis longtemps déjà.

Aussi, emploierons-nous une méthode tout empirique, et c'est à l'aide de nombreux exemples, indistinctement puisés dans les ouvrages des maîtres anciens et modernes, que nous montrerons, comment on peut éviter les fautes grossières de prosodie et comment on peut et on doit, adapter la phrase vocale à la phrase écrite.

Ici, un aveu ; nous avons craint un instant, que les critiques que nous serons forcément amené à faire, de quelques pages les plus justement célèbres, ne soient prises en mauvaise part.

Nous ne voudrions pas, que le lecteur se méprit sur nos remarques et puisse attribuer nos réflexions, à un manque de respect envers nos compositeurs ; nous croyons honorer ceux-ci autant que qui que ce soit. Cependant, il faut bien le reconnaître, si les fautes contre la prosodie doivent le plus souvent être imputées à la mauvaise éducation donnée aux chanteurs, quelquefois aussi, le musicien seul, est responsable de ces fautes. Il est arrivé, et aux plus grands d'entre eux, de se préoccuper uniquement de la phrase vocale. C'est ainsi que l'on trouvera dans nombre de partitions, des notes longues sur des syllabes muettes, des croches sur les mots les plus importants, ou encore des répétitions de phrases, ou de membres de phrase ; qui rendent le sens général, absolument inintelligible.

On peut donc, il nous semble, sans être accusé d'impiété, signaler ces erreurs et chercher aussi le moyen de les pallier.

(1) « Le Chant et la Voix » chez Paul Dupont, éditeur, Paris.

En effet, il n'est plus possible aujourd'hui de négliger la prosodie et de considérer comme entièrement subalternes les paroles d'un opéra ou d'un morceau de chant.

Sans vouloir étouffer la verve du compositeur, ni enchaîner sa liberté, on peut lui demander d'être respectueux du texte qui lui est confié, de ne pas dédaigner, le sens des phrases et de ne souligner, musicalement, que les mots qui ont une réelle importance.

Il est évident, que l'on doit également demander au *parolier*, de construire des phrases claires et précises.

Trop grand est encore le nombre de librettistes, qui emploient des inversions peu heureuses, des phrases longues et enchevêtrées, des métaphores compliquées et même incompréhensibles (on trouverait dans le seul « Guillaume Tell » de nombreux exemples).

En France, l'art de la prosodie a été fort négligé de tout temps, et je ne sais guère que l'école italienne, qui en soit plus dédaigneuse que la nôtre.

Cependant, la langue française, si nette et prêtant mal à la confusion, devrait presque obliger le compositeur et le chanteur, à ne dire que des choses parfaitement claires.

Avant d'arriver aux exemples, voici d'abord la définition de la Prosodie lyrique que nous avons déjà donnée dans *le Chant et la Voix*.

La Prosodie lyrique, est l'art de phraser, c'est-à-dire, l'art de savoir couper la phrase musicale, suivant le sens de la phrase littéraire, de savoir donner, à chaque mot sa valeur propre, et de faire porter l'accent sur la syllabe tonique.

PREMIÈRE PARTIE

COMPOSITEURS FRANÇAIS, OU COMPOSITEURS AYANT ÉCRIT DE LA MUSIQUE SUR DES PAROLES FRANÇAISES

Guillaume Tell, de Rossini.

Entrée de Guillaume Tell. Baryton, 1er acte :

Telle qu'elle est prosodiée, cette phrase n'a absolument aucun sens. En effet, si nous lisons, comme le compositeur semble l'avoir écrit, nous dirons :

Il chante et l'Helvétie
—
Pleure sa liberté.

Or : « Il chante et l'Helvétie » ne signifie rien, tandis que la vraie coupe est :

Il chante
—
et l'Helvétie
Pleure sa liberté —

c'est-à-dire : « Alors qu'il chante, l'Helvétie pleure sa liberté. »

Nous pouvons, sans changer une seule note du musicien, mais en déplaçant seulement les respirations, faire une phrase correcte et sensée. Nous écrivons pour cela :

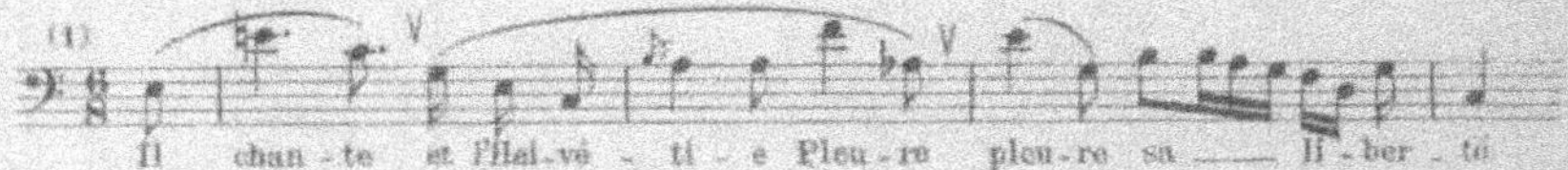

Voici un autre exemple de mauvaise prosodie, celle-ci est si malheureuse même, qu'on croirait, que l'opéra a été traduit d'une autre langue, tant les mots paraissent étranges. Le compositeur qui a fait cette prosodie, a cependant signé plusieurs chefs-d'œuvres : c'est Halévy.

Charles VI, d'Halévy.

Récit du Roi. Baryton, 3e acte :

(1) Ce signe V indique la respiration.

Le librettiste dit :

Grand merci, mes enfants,

ensuite :

Odette —
— (chez le pauvre il me fallait venir
pour qu'on eût de moi souvenir)

tandis que le compositeur, écrit :

Grand merci, mes enfants
—
Odette chez le pauvre —
— il me fallait venir
pour qu'on eût de moi souvenir.

Ce qui n'est pas très clair.

Il n'y a pas à se méprendre sur les intentions du musicien, qui marque ses respirations, avant et après « Odette chez le pauvre ».

Point n'est besoin d'insister, pour démontrer qu'aucun lien ne peut unir ces deux membres de phrases : « Odette » et « chez le pauvre » et qu'au contraire, la parenté de ce dernier tronçon de phrase avec le suivant est évidente.

C'est encore avec l'aide de la respiration et des liés, que nous atténuons cette fâcheuse prosodie et que nous écrivons :

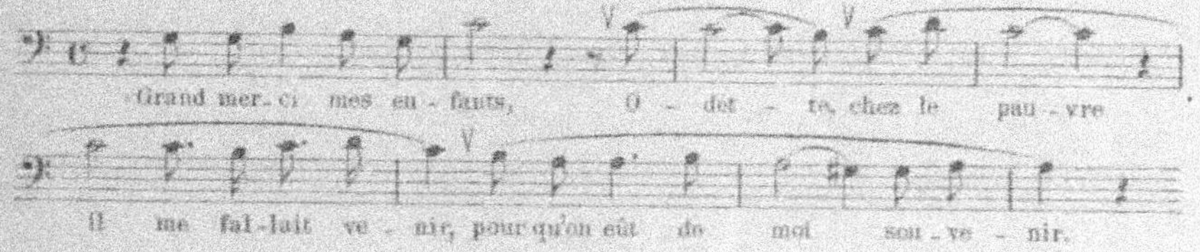

C'est-à-dire : respirer avant « Odette », respirer avant « chez le pauvre », lier la phrase avec la même respiration, jusqu'après « fallait venir », respirer de nouveau et lier jusqu'après « souvenir » en ralentissant les deux dernières mesures et en finissant piano.

Qu'on ne se méprenne pas sur nos intentions : nous n'avons pas l'outrecuidance de vouloir corriger les maîtres. Mais on peut, tout en admirant leurs œuvres, remarquer les petites tâches qui les déparent. Et, en tout cas, la déférence que nous devons aux grands compositeurs, ne peut aller jusqu'à nous faire accepter leurs fautes de prosodie.

Amicus Plato, sed magis amica veritas !

L'exemple que nous allons donner, a déjà été publié dans notre ouvrage « Le Chant et la Voix », il nous a semblé bon de le rééditer ici :

La Favorite, de Donizetti.

Air d'Alphonse. Baryton, 2e acte:

D'après la phrase musicale et tenant compte de la respiration indiquée après le mot «brave», on devrait dire:

Léonor, mon amour brave

respirer ensuite, pour chanter:

L'univers et Dieu pour toi, etc.

Or, que veut dire: «Mon amour brave»? «Brave» a l'air d'un adjectif qualifiant, «amour»: *un amour valeureux — un amour fort.*

«Brave» est au contraire un verbe, ayant pour complément «l'univers et Dieu pour toi» desquels il ne faut donc pas les séparer, par une respiration malheureuse; on doit chanter:

c'est-à-dire: respirer après «Léonor» (qui deviendra une exclamation) et lier ensuite «mon amour brave l'univers et Dieu pour toi».

Chanter ainsi, sera rendre son vrai sens à la phrase du poète — et nous ne changerons rien à la musique du compositeur.

Les Huguenots, de Meyerbeer.

Récit de Nevers. Baryton, 1er acte:

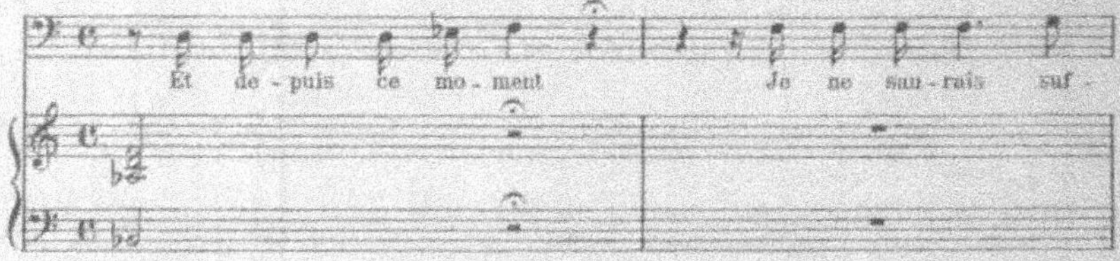

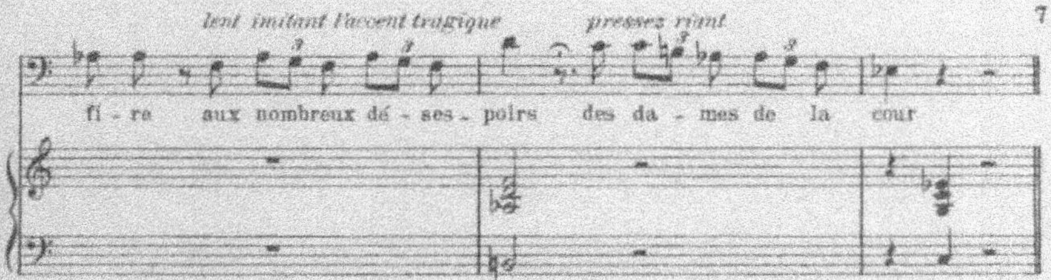

C'est un fragment de récit des *Huguenots*, que nous prenons, comme exemple, pour montrer, une fois de plus, ce que peut faire une mauvaise prosodie. Nous prions le lecteur de suivre l'analyse que nous allons en faire, afin qu'il acquiert la certitude, qu'il n'y a aucun parti-pris de notre part.

Voici ce que dit le livret:

> Et depuis ce moment, je ne saurais suffire
> Aux nombreux désespoirs des dames de la cour.

Si nous prenons le deuxième vers et que nous cherchions les syllabes fortes, nous trouverons que dans les deux mots importants «nombreux désespoirs» les syllabes «breux» et «ses» sont les plus saillantes, car si nous admettions comme syllabes fortes «nom» au lieu de «breux» et «dé» au lieu de «ses», cela pourrait prêter à une nouvelle interprétation — irrévérencieuse peut-être — et voudrait dire:

> Au nombre des espoirs.

En effet, il n'y a pas d'autre interprétation possible de la phrase, si dans «nombreux désespoirs» les syllabes accentuées sont «nom» et «dé». Et l'erreur a bien été commise par Meyerbeer, qui a, non seulement donné à «nom» et à «dé», la première croche du triolet, mais encore, leur consacre les deux premières croches du temps et *rend par cela même, le sens de la phrase complètement dénaturé.*

Nous ne voulons pas porter une main profane sur ce chef-d'œuvre musical, mais nous ne pouvons nous empêcher de regretter, que Meyerbeer, n'ait pas tenu assez de compte de la clarté de la phrase.

Othello, de Rossini.

Romance du saule:

Voici un nouveau cas de prosodie fâcheuse. Il suffit de jeter un coup d'œil sur ce motif musical, pour s'apercevoir tout de suite, de l'incorrection prosodique. Nous ne nous y arrêterons que peu de temps.

Il ne s'agit pas, comme pourrait le faire supposer le compositeur, d'un «saule Isaure», mais plutôt d'Isaure qui, aux pieds du saule, conte ses tourments.

Nous ne voyons que la version suivante à conseiller :

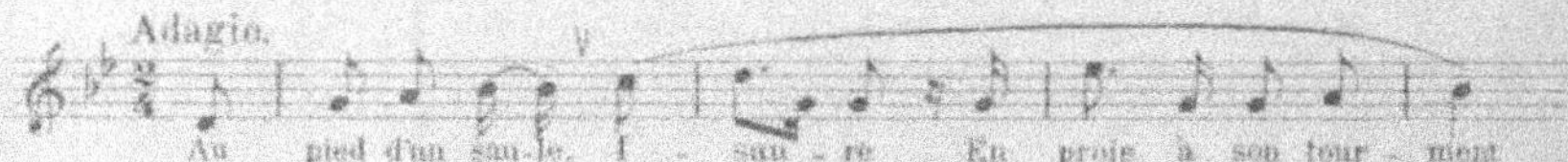

c'est-à-dire : respirer après « saule » et lier ensuite la phrase, sans respirer : « Isaure en proie à ses tourments ».

Les plus grands compositeurs, ne sont pas exempts de ces peccadilles — nous venons de le démontrer, par les citations qui ont été faites plus haut.

Nous pouvons et devons citer encore, pour appuyer notre dire, le compositeur français, qui le premier, a exactement adapté la musique aux paroles du librettiste, un maître en musique comme en prosodie, ce maître est — Gounod.

Nous ne pouvons parler prosodie lyrique, sans invoquer ce grand nom, c'est lui, qui le premier, s'est préoccupé sérieusement de cet art, qui le premier, a senti qu'il ne pouvait exister de musique lyrique, qui ne se pliât pas, à l'exigence de la phrase poétique.

Quoique sa musique lyrique, soit un modèle de prosodie, nous trouverons parfois (et cela prouve bien la difficulté de cet art) nous ne dirons pas des fautes, mais des faiblesses, des concessions faites à la phrase musicale, au rhythme qui lui plaît, et cela au détriment de la prosodie.

Voici un des rares exemples que nous avons cru découvrir dans Gounod, qui puisse être cité comme exemple d'erreur envers la prosodie.

Roméo et Juliette, de Gounod.

Madrigal à deux voix. — 1er acte. — Roméo (ténor), Juliette (soprano léger).
Phrase de Roméo :

rit.

gi - ne Que nul n'a droit d'appro - cher! Voi - là je

pense La pé-ni - ten-ce qu'il con - vient de m'impo - ser

c'est que j'ef - fa - ce l'in-di-gne tra-ce de ma main par un bai - ser

Ange adorable,
Ma main coupable
Profane en l'osant toucher,
La main divine,
Dont j'imagine
Que nul n'a droit d'approcher.
Voilà je pense,
La pénitence
Qu'il convient de m'imposer,
C'est que j'efface
L'indigne trace
De ma main, par un baiser.

Ce madrigal à deux voix est, sans doute, une des perles de la partition de Roméo et Juliette, et si nous ne nous occupions spécialement que de prosodie dans cet ouvrage, il ne nous serait jamais venu à l'idée, de faire une réflexion sur l'œuvre du maître, autrement que pour la louer. Mais si, au point de vue rhythmique, nous aimons ce madrigal, nous avouons que la coupe ne nous satisfait pas autant.

En effet, les vers ne tombent pas d'aplomb et restent en suspens.

Telle petite faute prosodique, qui nous laisserait indifférent chez plusieurs auteurs, nous semble, chez Gounod, quelque chose, non pas d'une grande importance — du moins de quelque valeur — tant nous voyons le maître parfait.

Nous eussions aimé, des phrases liées, mariées, au lieu de ces continuels soupirs qui les suspend.

On peut, nous le savons, invoquer des raisons scéniques: le compositeur voulant peindre la gêne, l'émotion que procure à Roméo, la vue de Juliette. Nous acceptons toutes les raisons qu'on voudra, mais en existe-t-il une qui empêche de prosodier ainsi:

Ange adorable
Ma main coupable
Profane en l'osant toucher
La main divine
Dont j'imagine
Que nul n'a droit d'approcher,

puis:

La pénitence
Qu'il convient de m'imposer?

Nous pensons, au contraire, que la belle phrase finale de Roméo: «C'est que j'efface etc.» où Gounod marque son empreinte, serait préparée et non isolée comme elle l'est.

Phrase de Juliette:

En ce qui concerne la phrase de Juliette, nous n'aimons pas beaucoup «à **ces** — étreintes», la syllabe «**ces**» avec un temps et demi nous paraît trop long; puis c'est surtout, «ont d'avance» qui ne nous plaisent pas; nous trouvons que deux croches sur «d'a-**van**-ce» et le gruppetto sur «**ce**» n'est pas heureux.

Nous ferons aussi les mêmes réflexions, que celles émises pour la phrase de Roméo, en disant, que nous trouvons, que ces phrases courtes, suspendent l'idée.

Après Roméo et Juliette, nous ne pouvons résister au plaisir de citer deux exemples, deux modèles, cette fois, de prosodie du maître.

Il nous eût été facile, de trouver dans les chefs-d'œuvre de Gounod, quantité de modèles, nous avons choisi, nous avons puisé dans «Faust», qui est l'œuvre du maître la plus répandue, la plus connue; ce qui nous permettra de pouvoir disserter à notre guise, sans que le lecteur, soit distrait ou préoccupé par le motif musical.

Faust, de **Gounod.**

Cavatine de Faust. Ténor, 2e acte:

Ici, la mélodie coule aussi tranquillement que la prosodie, pas un mot ne vient choquer l'oreille, aucune syllabe, qui ne soit à sa place, tout y est bien compris et s'harmonise délicieusement.

L'auteur ne s'arrête pas sur des mots nuls, il commence simplement : «Salut demeure chaste et pure» avec un léger retard sur «chaste» afin de préparer le repos sur «**pure**», qui complète la phrase en même temps que l'idée, puis — contrairement à un procédé souvent employé — le maître nous donnera d'une seule haleine la phrase :

> Où se devine la présence
> D'une âme innocente et divine,

mais, en mettant, en évidence, tous les mots rayonnants : *où*, *présence*, *âme*, *innocente* et *divine*, qui disent le sens de la phrase.

Les suivantes sont également bien coupées :

> Que de richesse en cette pauvreté,
> En ce réduit, que de félicité.

La répétition de quelques mots, est voulue, elle marque davantage l'étonnement et la félicité de Faust.

Si nous continuons l'analyse, nous observerons que toutes les phrases, cadrent avec la musique, que le tout ne fait qu'un. Parfois, une note longue sur une syllabe forte, vient attirer notre attention, mais à propos et toujours dans l'intérêt de la compréhension et de l'harmonie, qui règne constamment dans cette délicieuse musique.

> Oh Nature, c'est là que tu la fis si belle

oui, un soupir après « Oh Nature » qui est une exclamation.

Voici d'ailleurs l'exemple qui aidera à suivre :

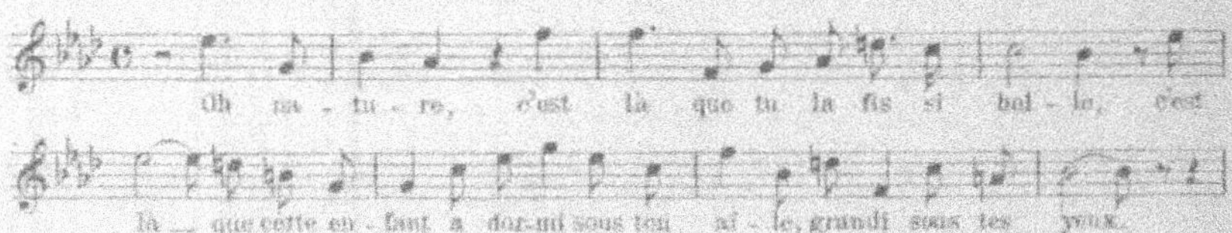

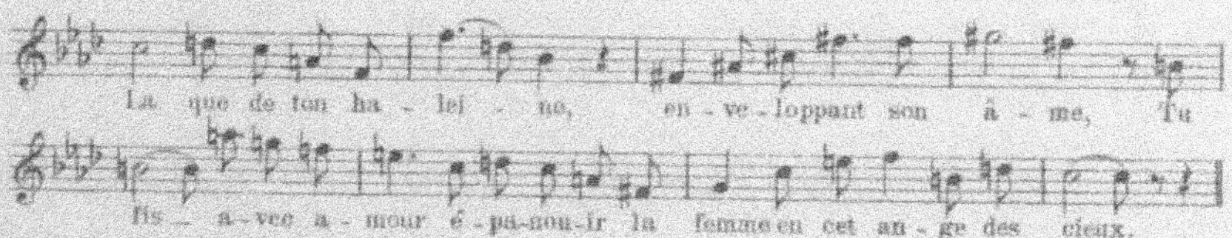

Gounod a donné, comme il le faut, une certaine importance aux mots « c'est là », qui éclairent la fin de la phrase ; puis, lorsqu'il fait reprendre ces mêmes mots « c'est là », il donnera à celui-ci, davantage de force encore, pour préparer *« c'est là que cette enfant, a dormi sous ton aile, a grandi sous tes yeux »*, avec des noires pour marquer les mots qu'il faut mettre en évidence.

Que dire de : *« Tu fis avec amour, épanouir la femme en cet ange des cieux ? »* le tout dit avec la même respiration, le tout bien enveloppé et des accents que le compositeur place sur *amour — femme — ange — cieux*, c'est-à-dire les rayonnantes qui sont tout autant de mots saillants, donnant du relief à la phrase.

Après de pareils exemples, pourra-t-on nier le bel effet de la prosodie s'alliant à la musique et ne faisant avec elle qu'un seul et même corps ?

Pourra-t-on alléguer que le musicien est enchaîné, par cet art exigeant de la prosodie ?

Puisque nous sommes heureux avec Gounod, nous ne pouvons faire autrement que de donner de ce maître en prosodie, une autre citation, un autre modèle ; point n'est besoin pour cela de quitter Faust, ni l'acte du jardin. Voici un couplet de la chanson du Roi de Thulé.

2e couplet :

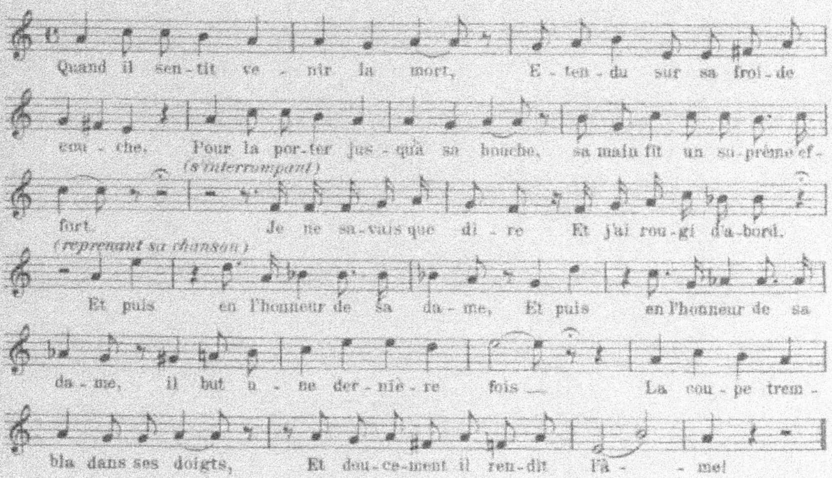

On peut regarder cette chanson, avec des verres grossissants, ceux-ci ne feront découvrir aucune faute, ils aideront au contraire à constater, une fois de plus, que la prosodie, peut très bien s'allier à la musique, sans lui nuire et qu'elle est de plus un auxiliaire puissant.

Les mots « *quand* il *sentit* » qui commencent le chant, annoncent bien la fin de la phrase « venir la mort » écrits sur des noires, et également tout le temps de l'air, celui-ci garde son caractère — à la septième mesure, le maître fait bien ressortir le mot, qui domine toute la mesure « fit ». — Ensuite les mots « Et puis » séparés par un soupir, de la phrase suivante, ne disent-ils pas la distraction de Marguerite, qui ne parvient pas à chasser de son esprit, le souvenir de Faust, quoi qu'elle s'efforce à chanter cette chanson du roi de Thulé? Enfin, comme le chant se traîne dans les apartés et finit, sans qu'elle s'en aperçoive.

Mais voici un nouvel exemple, pris dans Gounod, dans « Faust », où nous pouvons glaner à notre aise — il nous manquait un modèle de récit — le voici:

Récit qui précède l'« Air des Bijoux » (Marguerite):

Pour notre part, nous ne connaissons pas de récit, mieux fait que celui-ci. Il respire un respect des plus grands, de la valeur des mots, par rapport à la situation du personnage.

C'est bien là, un récit de Marguerite, d'une Marguerite de 17 ans, candide, innocente, mais déjà femme, et par cela même encline à la curiosité, à la coquetterie, mais à la coquetterie naïve, qui est celle de cet âge.

La musique, mariée admirablement à la prosodie, nous peint bien ce mélange d'hésitation, de coquetterie, de vertu, qui caractérise Marguerite.

Nous avons d'abord l'étonnement: «que vois-je là», mais ce n'est l'affaire que d'un instant — la curiosité de la jeune fille s'accuse tout de suite: «d'où ce riche coffret peut-il venir?», puis, une pose remplie par la réponse de l'orchestre, «je n'ose y toucher». Et pourtant «voici la clef, je crois; si je l'ouvrais; ma main tremble» tous ces mots, ces bouts de phrase, sont séparés par des soupirs, des demi-soupirs, jusqu'au «pourquoi?» où nous n'avons plus qu'un quart de soupir. Car Marguerite est conquise, la curiosité l'a emportée, elle va s'en excuser: «Je ne fais, en ouvrant, rien de mal, je suppose.» (Remarquons toujours comme les mots qui doivent éclairer le sens des phrases, sont mis en évidence par le musicien.)

Marguerite a ouvert le coffret. «Oh Dieu», s'écrie-t-elle, «que de bijoux!» Puis, d'une seule haleine: «est-ce un rêve charmant qui m'éblouit» — puis le doute: «ou si je veille»; comme le mot «rêve» est passé sous silence, avec une simple double croche, qui ne le retient pas! Ici le mot important n'est pas «rêve» mais «éblouit», c'est aussi celui qui doit ressortir — puis, le retard sous la forme d'un demi-soupir, avant «ou si je veille». Enfin, la constatation, l'affirmative «mes yeux n'ont jamais vu de richesse pareille» avec le retard sur le mot «richesse» — le mot rayonnant.

Faut-il donner la fin de ce récit? le voici:

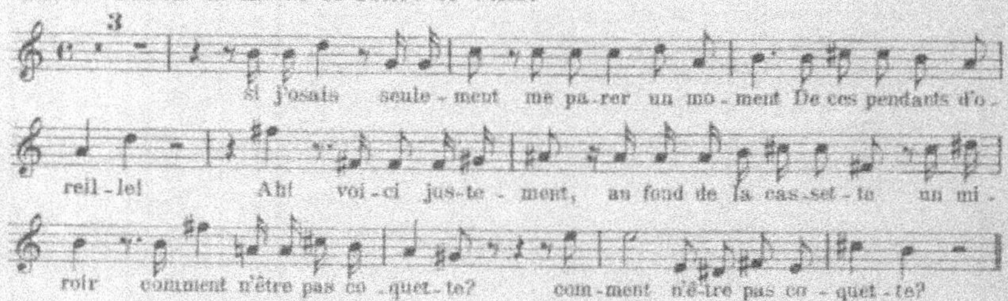

Le lecteur, constatera qu'ici, comme dans les citations précédentes, il existe le même sentiment, le même respect pour la prosodie, un même lien intime unissant les paroles et la musique, tout cela se retrouve durant toute la scène et durant toute l'œuvre de Gounod, qui fut le premier maître, en l'art de la prosodie.

Le Pardon de Ploërmel, de Meyerbeer.

Romance de Hoël (Baryton), 3e acte, 1er couplet:

Nous devrons citer plusieurs exemples, pris dans les œuvres de Meyerbeer, l'auteur des Huguenots, n'a pas toujours été très heureux sous le rapport de la prosodie.

Que dire de celle-ci:

Dans un — fatal délire
J'ai par — juré ma foi?

que nous conseillons de chanter, de la manière suivante:

Les changements que nous avons faits, ne peuvent pas nuire à la musique.

2e couplet:

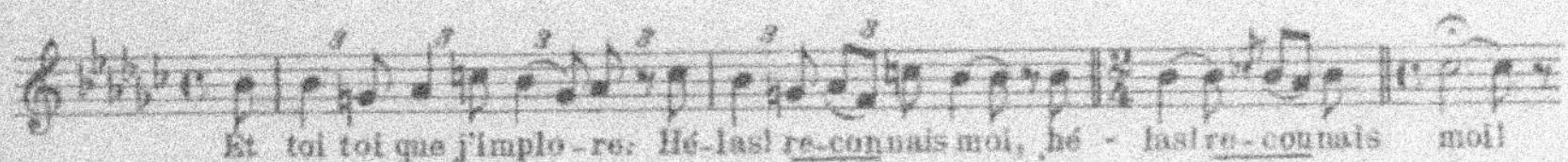

celui-ci nous donne les prosodies suivantes:

Et toi — toi que — j'implore,
Hélas! — recon — nais moi!

Nous conseillons la version suivante:

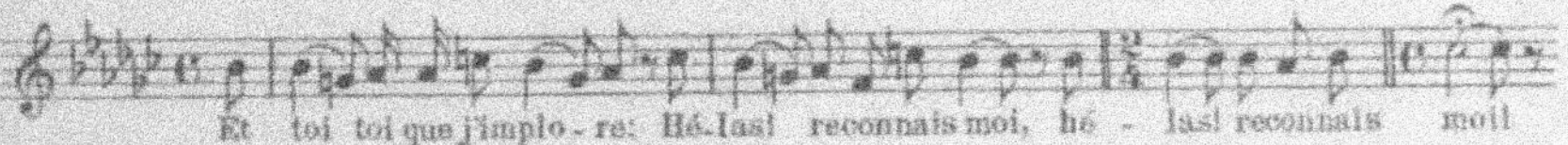

Les Huguenots, de Meyerbeer.

Choral, chanté par Marcel (Basse), 1er acte:

Voici la prosodie du choral, d'après Meyerbeer:

Seigneur — *rem* — *part* et — seul — *sou* — tien
Du fai *ble* — *qui* — *t'a* — do — re
Ja mais — *dans* — ses — maux — *un* — *chré* — tien
Vainement — *ne t'im* — plo — .... re

c'est-à-dire, que nous avons pour des syllabes, comme: *part* — *ses* — *un* — deux noires pour chacune, de plus, nous en avons trois, dont une blanche, pour *do* — et *plo*, — qui pas plus que les *rem* — *et* — *sou* — *ble* etc. ne sont, en l'espèce, des syllabes fortes.

Nous savons qu'on peut alléguer, que ce chant est de Luther et que la faute en incombe au traducteur, aussi n'insisterons-nous pas davantage.

Il est des cas, où l'on n'a qu'à déplacer un mot, pour éviter une mauvaise prosodie, comme dans l'exemple suivant, pris également dans les Huguenots.

Phrase de Valentine (chanteuse dramatique) dans le duo du 4e acte avec Raoul (ténor):

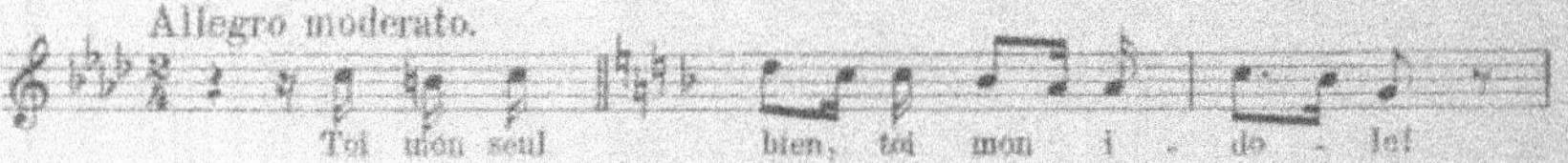

Pour éviter une mauvaise prosodie, il faut écrire «toi» sous la première croche du deuxième temps de la seconde mesure, comme ceci:

et nous aurons:

Toi, mon seul bien,
Toi — mon idole

au lieu de:

Toi mon seul bien
Toi mon — idole

qui ne sonne pas bien à l'oreille.

Il y aurait beaucoup à redire sur les Huguenots, quand ce ne serait que cette malheureuse phrase, que Valentine chante au cinquième acte: « Toi, tu maudis mon **culte** — moi, j'embrasse *le tien* » — que nous conseillons aux chanteuses de ne pas trop appuyer, car l'effet y est d'un très mauvais goût.

Robert le Diable, de Meyerbeer.

Air d'Alice (soprano dramatique), 1er acte:

Il faut vraiment, que cette prosodie ait paru fâcheuse, pour que, des professeurs, des chanteuses, qui d'ordinaire, se préoccupent fort peu de ces choses, aient cru devoir en atténuer l'effet et corriger comme suit:

pour éviter « qu'il eût — *la der* — nière pensée » qui revient deux fois.

Mais ces personnes si sévères pour la première phrase, pourquoi laissent-elles chanter, dans ce même air, celle-ci?

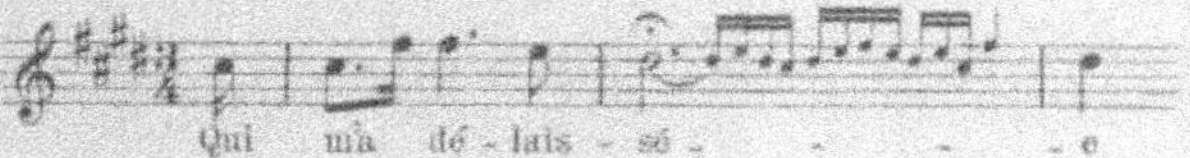

Il y a pourtant là une liaison dangereuse, — et c'est: « qui — *m'a dé* — laissée ». Voici notre version:

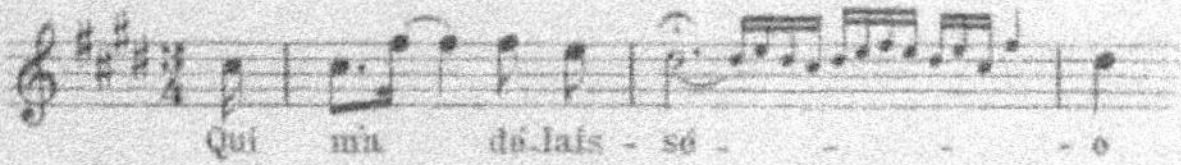

Toujours pour Alice — un passage de ses couplets du troisième acte qui exige un petit changement:

Nous pensons, qu'une seule note, pour chacune des syllabes muettes — *me* et se — suffit; c'est pourquoi nous conseillons de chanter:

Notre version, n'est évidemment pas parfaite, car le temps long, plus le gruppetto sur la syllabe « bon » n'est pas d'un excellent effet. Mais pouvons-nous, devons-nous changer les vers, et nous substituer au parolier? Nous ne le pensons pas.

Nous conseillons un changement, toutes les fois que le rhythme de la phrase musicale peut être respecté, ainsi que les vers du poète, mais là, s'arrête notre rôle et nous nous y tiendrons.

Deux passages du duo du troisième acte, entre Robert et Bertram, c'est-à-dire, de petites phrases que nous croyons devoir signaler aux ténors et aux basses.

Bertram parlant à Robert s'exprime ainsi:

puis:

Et Robert de lui répondre:

se ravisant ensuite, il ajoute:

Nous ne voyons pas trop comment, sans brusquerie, on pourrait éviter le mauvais effet de la phrase de Bertram:

Un ra — *meau tou* — jours vert, etc.

tout en voulant, conserver les notes écrites par le musicien et les paroles du librettiste.

Pour la phrase de Robert, nous conseillons la version suivante:

La dernière, contient deux liaisons dures — qui sont:

Mais c'est — un sa — crilège.

Ici, notre version, qui ne corrige que la seconde faute, atténue à peine la première. Nous la donnons tout de même:

Les conseils que nous donnons aux basses, à propos des exemples précédents, s'appliquent également, à la phrase suivante du duo avec Alice — 3e acte — atténuez:

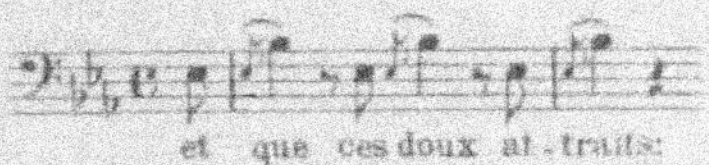

Duo bouffe — Raimbaud et Bertrand

Raimbaud (ténor léger):

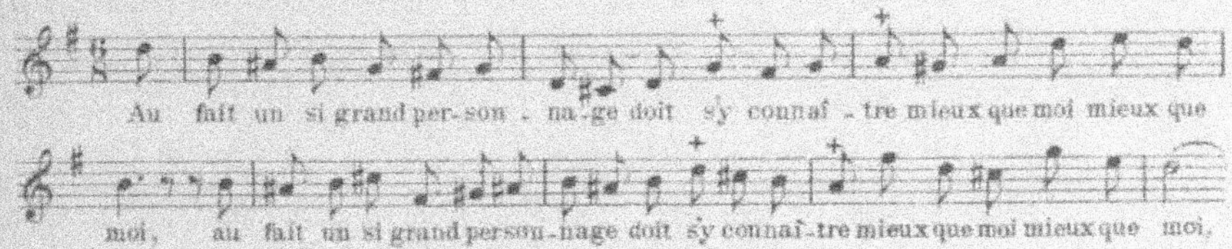

Cette phrase, contient quatre erreurs de prosodie, c'est-à-dire; que les temps forts, sont marqués, par des syllabes nulles, et nous donnent deux fois: « **doit s'y** » et deux fois: « **connaître** ».

Notre version permet de conserver intacte la musique du maître, et les paroles du poète:

Les temps forts, se trouvent ainsi, sur des syllabes parlantes, ayant une signification.
La phrase revient avec une légère variante:

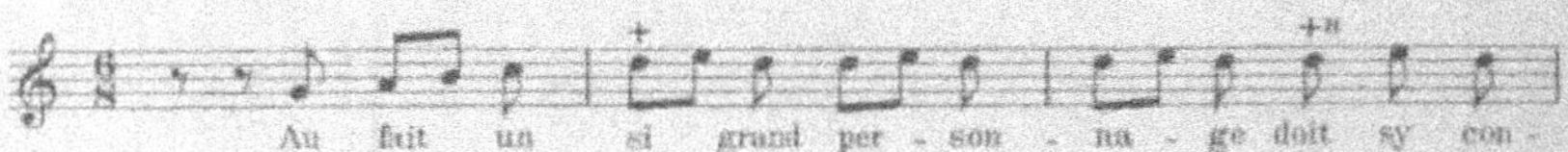

Il faut, cette fois-ci, éviter: «au fait — *un si* — grand» etc., que nous traduisons:

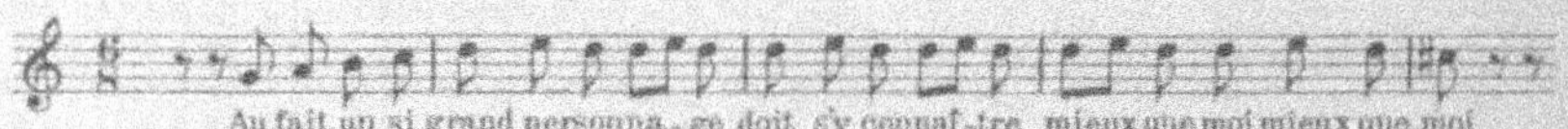

Ne quittons pas Robert, sans parler de la valse infernale, que Bertram chante au troisième acte et qui est un des morceaux les plus connus de la partition.

Ne pouvant la citer en entier, nous prendrons comme exemple, la grande phrase «largo».

La voici, avec les indications du maître:

Quelles sont, parmi les basses en renom, ayant chanté Bertram, celles qui ont fait attention, aux prosodies défectueuses de la Valse infernale?

Nous demandons, quel sentiment, peut mettre un chanteur, dans une phrase construite avec des mots pareils à ceux-ci: *« de e e ma* (deux temps) *splendeur »* ou *« de ma gloi — oi — é — è — clipsée »* ou bien encore *« toi seul — me con — solais »*, — répétés deux fois de suite (des mots si malheureusement accouplés) pour finir avec: « c'est par toi » trois fois répétés — la dernière fois avec un gruppetto de goût douteux, puis le point d'orgue final (et inévitable) sur un *ré* dièze et sur la syllabe « que ».

Des artistes de valeur cependant, tels Levasseur, Alizard, Obin, ont chanté cette valse et n'ont pris garde à aucune de ces prosodies, (car ils eussent demandé à Meyerbeer quelques changements). Tant il est vrai de dire, qu'on prêtait peu d'attention aux paroles que l'on chantait.

Combien de fois d'ailleurs, avons-nous entendu rééditer, en parlant d'un chanteur ou d'une chanteuse: « La voix est jolie — il (ou elle) chante bien, mais on ne comprend pas un mot de ce qu'il (ou elle) dit. » Elle chante bien! il chante bien!... mais, on ne comprend pas un mot!

Qu'est-ce donc que bien chanter?

N'est-ce donc pas, donner à un morceau son véritable caractère? à chaque mot sa valeur propre? n'est-ce pas traduire clairement le sentiment qu'enferme chaque phrase? Comment savoir, alors, quand on ne comprend pas une seule parole, si l'on chante bien!

Mais revenons à la Valse infernale de Robert. Nous déplorions, que ce beau morceau soit si mal prosodié. Nous avons essayé, d'atténuer ces mauvais effets, tout en respectant la musique et les paroles. Notre version plus bas (que nous ne croyons pas en tous points parfaite) a les avantages suivants:

1° Elle évite le mauvais effet de « moi seul — *te con* — solais »;
2° ne laisse qu'une seule croche sur « de ma gloi — *re é* — clipsée »;
3° évite les répétitions des mots « c'est par toi »;
4° elle évite aussi le point d'orgue final sur le mot « que » et le remplace par la phrase « que j'aimais! » une respiration et les mots « Robert », « mon fils » qui arrivent là comme un dernier appel.

Nous aurions, désiré changer « de — e — e — ma » et le remplacer par « de ma splendeur » qui a une signification, tandis que « ma » n'en a pas :

Si des professeurs ou des chanteurs, trouvent ce changement bon, qu'ils le fassent, ils diront alors « de ma splendeur ! » (point d'exclamation et demie respiration) et reprendrons « splendeur passée ».

Nous n'avons pas la prétention de suivre Meyerbeer, dans toute son œuvre et nous aurions clos là les citations le concernant, si nous ne voulions parler d'un nouveau danger de prosodie, qui consiste à lier deux phrases étrangères entre elles, ce qui amène une confusion d'idées, malheureuse pour la compréhension exacte de la phrase.

On va juger, par cet exemple, de toute l'importance de ce danger.

L'Africaine, de Meyerbeer.

Récit de Nelusko (Baryton), 4e acte :

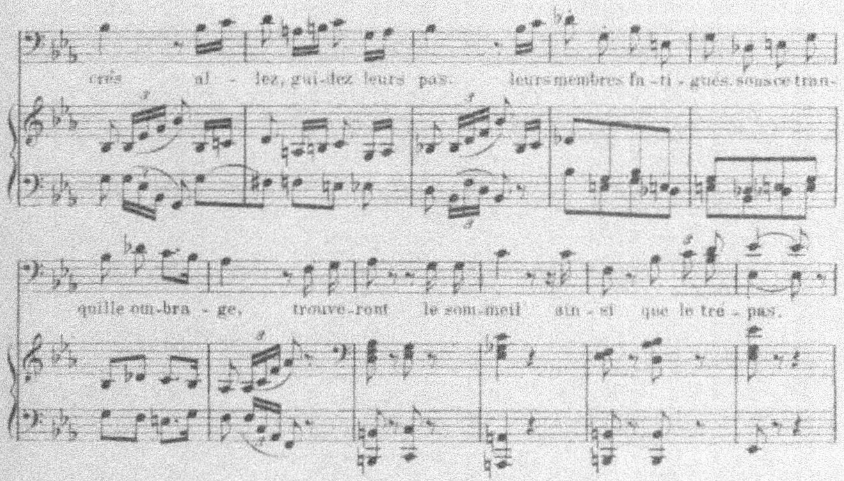

Les deux tronçons de phrase liés entre eux et auxquels nous faisons allusion sont: « Leurs membres fatigués » et « sous ce tranquille ombrage ». Ce qui fait dire : « Leurs membres fatigués sous ce tranquille ombrage », car la virgule qui se trouve placée après « fatigués », l'auditeur ne la voit pas, puisque le compositeur l'a supprimée et a enclavé le tout entre deux demi-soupirs. D'ailleurs, le motif musical dit assez qu'elle ne fait qu'une.

Ainsi accouplées, ces deux phrases ont l'air de nous dire, que c'est sous ce tranquille ombrage, que leurs membres se trouvent, fatigués — tandis qu'il n'en est rien et que le vrai sens est :

> Vers le mancenillier,
> Au sombre et noir feuillage,
> Dans les jardins sacrés
> Allez, guidez leurs pas
>
> —
>
> Leurs membres fatigués,
>
> —
>
> Sous ce tranquille ombrage
> Trouveront le sommeil
> Ainsi que le trépas.

« Leurs membres fatigués » est une phrase indépendante. Leurs membres, étant fatigués, par la traversée, par les émotions, par le naufrage, trouveront facilement la mort sous ce tranquille ombrage. Il n'y a donc aucune raison, pour lier ces deux phrases, n'ayant pas le même sens. Et pour la compréhension, et pour la clarté, il faut, du moins il faudrait, qu'elles fussent séparées.

En tout cas, on peut tout de même, essayer de placer une respiration entre « Leurs membres fatigués » et « sous ce tranquille ombrage ».

Voici un nouvel exemple, pris également dans l'*Africaine*, 4e acte, air de Nelusko.
Certes, avec la prosodie de Meyerbeer, la phrase reste claire, mais elle dit exactement le contraire, de ce que Scribe a voulu faire dire à Nelusko.

Nous voulons parler des mots « elle me voie » qui sont liés avec « qu'heureuse » et de la respiration défectueuse, qui se trouve avant « mourir ».
Avec une pareille prosodie, il est impossible de démêler le vrai sens de la phrase.
La coupe musicale, nous donne :

Je veux comblant ma joie
Qu'heureuse, elle me voie
—
Mourir de son bonheur

Ce serait une erreur, de la part de Nelusko, que de penser, que Sélika est *heureuse de le voir*, alors que celui-ci, sait bien que la Reine lui préfère Vasco.
Puis, que veut dire cet isolement, de « mourir de son bonheur » plusieurs fois répétés et qui donne une fausse interprétation, et nous amenerait à dire que Meyerbeer, a mis en musique, des phrases isolées et qu'il n'a pas coupé celle-ci selon le sens général.
Celui-ci veut :

Je veux comblant ma joie —
Qu'heureuse!
Elle me voie
Mourir de son bonheur. —

On nous demandera pourquoi, nous ne soudons pas les mots « qu'heureuse » à « elle me voie » et pourquoi nous ajoutons un point d'exclamation, après « qu'heureuse » ? Nous répondrons que c'est à cause du motif musical. Nous pensons, qu'on trouvera difficilement un baryton pouvant dire ces huit mesures, avec la même respiration et dans ce mouvement lent. Nous préférons respirer entre les deux « qu'heureuse » et lier après jusqu'à « mourir de son bonheur » soit six mesures, ce qui est déjà très joli.

Nous sommes partisan des longues respirations, nous soutenons qu'il ne peut y avoir de bons chanteurs qu'à cette condition. On doit d'ailleurs travailler la respiration et l'allonger; c'est non seulement au point de vue du son, que nous le conseillons, mais aussi à celui de la phrase.

Dans l'exemple que nous donnons à la page suivante, une longue respiration est nécessaire.

Les Dragons de Villars, de Maillart.

Duo entre Rose (Mezzosoprano) et Sylvain (Ténor). Phrase de Sylvain:

Si nous respirons toutes les deux mesures, comme l'auteur semble l'avoir indiqué (probablement pour faciliter le chanteur), nous rendrons la phrase monotone, et empêcherons certains effets de voix et de sentiment, qui semblent être nécessaires pour animer l'action.

Nous conseillons donc, de chanter les quatre mesures liées, et dire:

Je me disais, quand tu passais:

Rose a les yeux, le front d'un ange.

En faire autant pour la phrase suivante, de Rose:

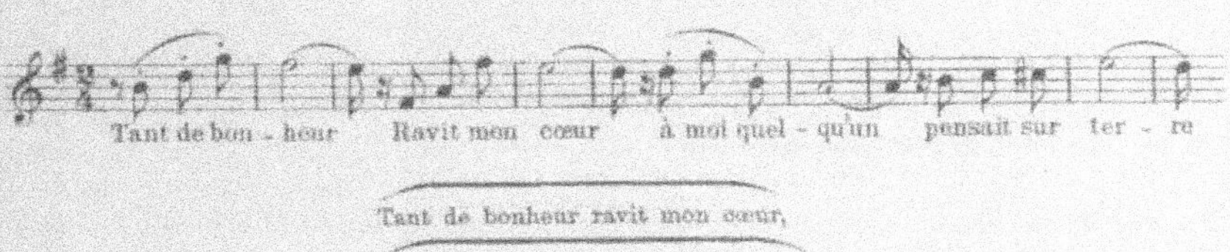

Tant de bonheur ravit mon cœur,

A moi quelqu'un pensait sur terre.

Cette dernière phrase surtout, ne peut se dire que liée, à cause de la fausse prosodie que cela donnerait, si l'on chantait par deux mesures. On aurait: «à moi quelqu'un» qui ne veut rien dire.

Un autre exemple, pris dans les «Dragons de Villars». — Air de Rose Friquet au 5e acte :

Cet air, renferme de petites fautes de prosodie, que nous signalons, mais sans donner notre version, puisqu'il faudrait pour cela, toucher à la musique du maître.

Les temps, tombent sur des syllabes muettes ou nulles comme celles-ci : «*Tout* **me** — **semble** — plus beau», puis «d'un **é** — clat **tout** nouveau» ou encore «mais **quand**».

Nous savons, qu'une chanteuse habile peut, tout en respectant le texte du morceau, rendre ces prosodies moins sensibles, aussi les encouragerons-nous, à atténuer le plus possible les fâcheuses liaisons.

Ce que nous conseillerons par exemple, c'est de lier les phrases qui sont coupées par des quarts de soupirs et pourraient prêter à une fausse interprétation, selon qu'elles se marieraient ensemble.

Voici d'après nous, comment il faut chanter :

Espoir charmant, Sylvain m'a dit : Je t'aime,
—
Et depuis lors tout me semble plus beau,
—
Nos prés fleuris,
—
nos bois et le ciel même
Semblent parés
d'un éclat tout nouveau.
—

Nous préférerions évidemment, dire «nos bois et le ciel même semblent parés d'un éclat tout nouveau» le tout lié, mais là, est encore la difficulté de trouver des chanteuses capables de le faire. En tout cas, comme nous le conseillons, la phrase est claire et peu fatiguante pour l'artiste.

Sigurd, de Reyer.

Cet exemple, que nous donnons de « Sigurd » de Reyer, nous dit combien la prosodie est exigeante et quelle attention elle demande.

Voici en effet, un des compositeurs les plus renommés, les plus estimés, c'est aussi un érudit écrivain, que nous prenons en défaut de négligence prosodique. Est-ce à dire que nous nous érigions en professeur de prosodie? Non, loin de nous cette pensée.

Mais, nous avons promis de citer le plus d'exemples possible, de dire ce que nous pensons, sans faire attention à la personnalité qui est en jeu. Celle dont il s'agit ici, ne peut être atteinte par les réflexions que nous ferons sur son œuvre, applaudie chaque soir à l'Opéra.

Une des premières remarques que l'on fait forcément en lisant cette phrase, est l'importance que le maître a donnée, à deux mots qui n'ont de valeur, que suivis de leurs compléments. Ces mots sont «*jamais*» (à la deuxième mesure) et «*franchi*» (à la sixième mesure) qui font en prosodie:

Oh, Brunehild, jamais
—
N'a d'un époux franchi.

Que veulent dire «Oh, Brunehild, jamais» et «un époux franchi»? Ce dernier mot a plutôt l'air d'un adjectif que d'un verbe — ainsi placé.

Nous disions que les mots «jamais» et «franchi» n'ont de valeur que suivis de leurs compléments — voici la phrase ainsi reconstituée:

Oh, Brunehild — jamais vierge plus désirée,
N'a d'un époux — franchi le seuil joyeux,

c'est-à-dire que les mots «*jamais*» et «*franchi*» font plutôt partie de la seconde moitié que de la première.

Nous n'aimons pas non plus, les mots «guerriers», auxquels l'auteur consacre trois temps et qui, ainsi notés, ont plutôt l'air d'un appel, d'une évocation, que de faire partie d'une phrase d'amour; pourquoi aussi, faire du mot «*plus*» une longue et lui consacrer deux temps? Non seulement ce mot n'est pas un mot rayonnant, mais encore, il sonne mal à l'oreille.

Nous ne résistons pas à l'envie que nous avons, de citer un deuxième exemple, pris dans la belle œuvre du maître. On ne prend qu'aux riches — dit-on — et puiser des remarques chez Reyer, dit assez que la prosodie est une coquette qui, sous n'importe quel prétexte, abandonne le musicien ou le poète.

Voici un des airs les plus chantés entre tous, l'air de Brunehild au deuxième acte de « Sigurd ».

Faut-il l'avouer? Nous trouvons que celui-ci n'est pas heureux sous le rapport de la prosodie.

Nous faisons ici allusion à la coupe des phrases — aux silences — aux tenues, qui selon nous, ainsi placés ralentissent la compréhension de la phrase et ne donnent pas la vraie version du poète.

Ainsi, par exemple, après « Salut splendeur du jour » arrive le motif:

Nous lisons:

Dieux, abaissez sur nous (*) des regards favorables,

Nous nous demandons pourquoi cette phrase est ainsi coupée? N'aurait-il pas été préférable de dire et d'écrire celle-ci d'une seule haleine, comme l'indique la vérité?

Pourquoi aussi une note longue sur « douleurs » et suspendre de ce fait le sens de la phrase, pour reprendre ensuite « des humains » ?

« Aux douleurs », ainsi écrit musicalement, ferait plutôt pressentir une exclamation : « Oh, douleurs ! »

La phrase n'a un sens, qu'autant que « douleurs » est suivi de son complément « des humains », « aux douleurs des humains » qu'il ne faut pas séparer, mais dire d'un jet.

Il en est de même, pour ce qui suit et du retard sur « Montrez-*vous* », ces deux mots n'ont une signification qu'autant qu'ils sont suivis de « secourables », sans cela, il se trouve que les mots longs, musicalement sont ceux qui le sont le moins littérairement et cela ne peut pas être — il faut une conformité d'interprétation entre le poète et le musicien.

Il faut prosodier :

Dieux, abaissez sur nous vos regards favorables,

Aux douleurs des humains, montrez vous secourables.

ou bien :

Dieu! abaissez sur nous vos regards favorables,
Aux douleurs des humains
Montrez vous secourables.

Nous passerons sur le motif suivant — prosodié comme suit :

Salut terre! Salut nourrice au sein fécond
Qui fait croître pour nous
L'épi — du froment blond! etc.

pour arriver à l'*Andante maestoso* suivant :

Ce n'est pas à cause de la prosodie des mots, pas plus qu'à cause des tenues sur des syllabes nulles, comme « mais *quel* », que nous avons choisi cet exemple, mais plutôt, pour parler d'un cas, qui nous paraît imputable au musicien, et au poète d'abord.

Le musicien a prosodié les quatre vers ainsi :

Mais quel guerrier, vaillant et fort,
Bravant pour moi l'affreuse mort, (ici une mesure)
A, par le pouvoir de ses armes (𝄾 𝄿)
De ma prison rompu les charmes?

Nous nous demandons d'abord le pourquoi de cette suspension entre les deux premiers vers et les deux derniers.

Ce n'est pas ici le cas, de venir dire que la phrase se continue à l'orchestre, puisque celui-ci monte une gamme chromatique avec les basses pendant cette mesure. Non, la suspension existe bien réellement, et les deux tronçons des phrases qui disent seuls tout le sens, se trouvent séparés, non seulement par le poète, mais aussi par le musicien.

Car on pourrait résumer ainsi les quatre vers :

Mais quel guerrier
A de ma prison rompu les charmes?

Ce serait, il est vrai, un peu froid, sec, bref, mais au moins on y gagnerait en clarté, et l'auditeur pourrait du premier coup, saisir la vérité de l'action, ce qui n'est pas une chose à dédaigner.

Mais le poète, avant le musicien, est venu par des réflexions de second plan obstruer la clarté de la phrase. Que viennent faire :

vaillant et fort
Bravant pour moi l'affreuse mort
A par le pouvoir de ses armes

sinon prendre une grande importance (comme place) et nuire à la vérité de l'action.

Nous pensons qu'après avoir dit « quel est ce guerrier qui vient me sauver ? » il était temps d'ajouter que pour accomplir ce haut fait, ce ne pouvait être qu'un être vaillant et fort — autant que courageux, pour braver ainsi la mort, etc.

De cette manière, la phrase eût été claire et facile à comprendre.

Il serait à désirer, que les librettistes ne se servissent pas trop de comparaisons, de réflexions, de métaphores, alors qu'on doit mettre en évidence un acte et dire un fait accompli.

Dans l'art lyrique, il faut être clair, si l'on veut être compris; il faut éviter tout ce qui peut ralentir la compréhension immédiate — sans cela tout intérêt diminue pour l'auditeur et l'attention de celui-ci devient nulle.

C'est par la phrase « La Valkyrie est ta conquête » que nous terminerons nos citations sur « Sigurd » de Reyer.

Cette inspiration musicale, est une des plus réussies de la partition du maître, depuis longtemps, on en a dit tout le charme et la beauté.

Nous passons sur la tenue de « *Et* » qui est une syllabe nulle et ne voulons parler que de la phrase finale qui est prosodiée comme ceci :

Et ne crains pas qu'elle regrette (?)

Près de toi, les palais des cieux.

C'est du reste ainsi qu'on chante, et à tort selon nous : car nous ne nous expliquons pas ce que veut dire :

Près de toi, les palais des cieux.

Nous pensons qu'il est préférable de couper comme suit :

Et ne crains pas qu'elle regrette
Près de toi —
les palais des cieux

pour arriver à dire :

Ne crains pas, que près de toi elle regrette
Les palais des cieux —

La Juive, d'Halévy.

C'est maintenant dans « La Juive » d'Halévy, que nous allons prendre nos exemples. Nous y trouverons de nombreuses fautes de prosodie — avons-nous besoin d'ajouter une fois de plus, que cela ne diminue en rien notre admiration pour ce chef-d'œuvre?

Grand air d'Eliazard (fort ténor), 4e acte:

Si le sentiment, qui a inspiré cette belle page musicale, est superbe, la prosodie est loin d'être impeccable; on trouve, en effet:

Rachel, quand **du** — Seigneur
La grâce — ce **tu** — télaire
A **mes** — tremblantes mains
Confi — a *ton* — berceau,
J'avais — à **ton** — bonheur
Voué ma vie entière
Et c'est moi — *qui te* — **livre au** — bourreau, etc.

En somme, cet air est un des moins bien prosodiés que nous connaissions.

Nous avons cherché à atténuer un peu ces erreurs de prosodie. En déplaçant de certains mots, l'effet en sera meilleur, mais, nous ne pouvons faire, que la phrase du librettiste et celle du musicien tombent ensemble.

En effet, quand le compositeur dit:

Rachel, quand du Seigneur
La grâce tutélaire —
—
A mes tremblantes mains
Confia ton berceau, etc.

le librettiste dit:

Rachel —
quand du Seigneur la grâce tutélaire
A mes tremblantes mains confia ton berceau, etc.

c'est-à-dire, que la phrase du librettiste est longue et celle du musicien courte.

Nous ne croyons pas devoir insister davantage.

Voici notre version, que nous ne donnons pas comme étant irréprochable, mais nous ne pouvions aller plus loin, sans faire des changements que nous ne voulons pas faire.

Dans notre ouvrage « Le Chant et la Voix » au chapitre « Du Sentiment » nous avons indiqué, comment il fallait chanter l'air du deuxième acte de la « Juive ».

Nous conseillons de suivre scrupuleusement nos conseils, de ne respirer qu'aux endroits convenus, car les phrases n'y sont pas toujours soudées entre elles, selon le sens prosodique. Nous n'en voulons pour preuve que les deux exemples que nous citons:

Dans le premier cas, nous eussions préféré que « Etends ta main puissante » fût lié à « sur tes fils », nous nous demandons pourquoi, cette suspension d'idée? Et que veulent dire « sur tes fils, sur tes fils malheureux »? ainsi détachés de la phrase précédente? Quel est le sens de ce tronçon de phrase isolé?

Voici ce qu'il devrait y avoir:

Etends ta main puissante sur tes fils —
— sur tes fils malheureux.

Il faut que le public entende et comprenne; pour cela? il faut respirer entre les deux « sur tes fils » d'abord, pour rendre la phrase compréhensible et puis — pour la règle qui défend de répéter un mot avec le même sentiment, avec la même intention, soit avec la même respiration — nous donnons notre version ci-après:

Dans le deuxième exemple liez « la vie » à « à son père irrité » et cela pour les mêmes raisons que nous avons données pour le premier exemple.

Le voici, du reste, écrit:

Nous nous doutons des observations qu'on va nous faire, à propos de cette sérénade, lorsque nous dirons que tous les temps longs, se trouvent sur des syllabes muettes ou nulles. Le compositeur, dira-t-on, a voulu un rhythme et a conservé celui-ci durant tout le morceau, or la volonté du maître prime celle du parolier.

Nous ne voulons pas ergoter et nous acceptons ces raisons, mais qu'il nous soit permis de dire, que sans faire un crime au compositeur d'avoir adopté un rhythme qui lui plaisait, il eût été facile de demander au poète, des vers pouvant être adaptés sur ce rhythme.

Car des prosodies comme les suivantes ne sont pas bien inspirées.

Qu'on en juge:

> Loin **de** son amie
> **Vivre** sans plaisir,
> Ne **comp** — ter sa vie
> Que **par** — ses soupirs,
> Voici de l'absence
> Quelle **est** la souffrance *(bis)*

et la seconde fois avec un gruppetto sur « *est* ».

Voici du reste l'exemple écrit.

Sérénade chantée par Léopold (ténor) au 1er acte:

Nous ne croyons pas user de beaucoup de rigueur, en faisant ces remarques.

Voici le 6/8 qui termine les deux couplets de la sérénade:

où nous voyons:

> Oh, **maî** — tresse — chéri — e

Nous eussions préféré que, la seconde syllabe tombât sur le temps fort, cela n'aurait rien changé au rhythme.

Nous signalons le mal, sans conseiller le remède — aux audacieux à chercher.

Nous avons cité à propos de « Guillaume Tell », un exemple de deux phrases qui, liées ensemble, rendent l'idée générale peu claire, nous retrouvons un nouvel exemple du même genre, dans le duo entre Rachel et Léopold au deuxième acte de la « Juive »:

C'est à partir de la huitième mesure, que nous trouvons la prosodie malheureuse. Le compositeur a construit sa phrase ainsi: « Comme mon bonheur j'oubliai toute ma destinée », on avouera que ce n'est pas clair du tout. Pourquoi? Parce que:

1° « Comme mon bonheur » appartient à la phrase précédente;

2° « j'oubliai tout » est une phrase indépendante;

3° « ma destinée » appartient à la phrase suivante. Et qu'on ne peut pas lier trois phrases qui ont si peu de parenté.

La prosodie vraie est la suivante:

Quand mon âme à toi s'est donnée
J'oubliai fortune et grandeur —

—

J'oubliai tout

—

Ma destinée
Est à toi comme mon bonheur.

Voici du reste, la version que nous conseillons — nous avons seulement déplacé les respirations sans changer une note à la musique du maître.

Duo de Rachel et Eudoxie — 4e acte :

Nous ne pensons pas que cette répétition constante des phrases (comme dans l'exemple que nous donnons du duo de Rachel et Eudoxie) puisse donner de la force, de l'énergie à la phrase musicale, nous croyons au contraire qu'elle alourdit celle-ci et lui enlève toute sincérité.

Meyerbeer a abusé aussi de ces répétitions de phrases et pour ne citer que l'entrée de Raoul dans les « Huguenots », nous y lisons :

Sous ce beau ciel
Sous ce beau ciel de la Touraine,
Parmi ce que la cour
La cour offre de plus brillant
Pour moi, simple soldat,
Soldat que l'on connaît à peine,
Ah! quelle honneur d'être admis
Ah! quel honneur d'être admis
Quel honneur d'être admis
Quel honneur — quel honneur d'être admis.

C'est ce qu'on pourrait appeler des variations sur un thème.

Rossini, n'a pas échappé à cette contagion et fait dire à Guillaume Tell des choses comme celles-ci :

Quand l'Helvétie est un champ de supplices
Où l'on moissonne ses enfants,
Que de Gessler les armes soient complices
Combats et meurs pour nos tyrans —
Combats et meurs
Combats et meurs pour nos tyrans
Combats et meurs pour nos tyrans
Combats et meurs pour nos tyrans
Combats et meurs
Combats et meurs pour nos tyrans.

Il faut croire que rien n'entrave le génie, puisque Rossini a fait un chef-d'œuvre avec des paroles pareilles à celles-ci.

Nous ne pouvons parler prosodie lyrique, sans citer Auber, le compositeur qui a eu si longtemps des succès sur nos théâtres d'opéra.

L'ex-directeur du Conservatoire Impérial de Musique et de Déclamation n'a pas échappé au mal commun et comme d'autres illustres maîtres a estropié la prosodie.

Nous passons sur de petits écarts comme celui-ci, qui sont *très* fréquents chez le maître:

Mais il en est d'autres plus coupables comme dans l'exemple que nous donnons ici:

Haydée, d'Auber.

Duo entre Lorédan (ténor) et Malipieri (basse), 2e acte. Phrase de Lorédan:

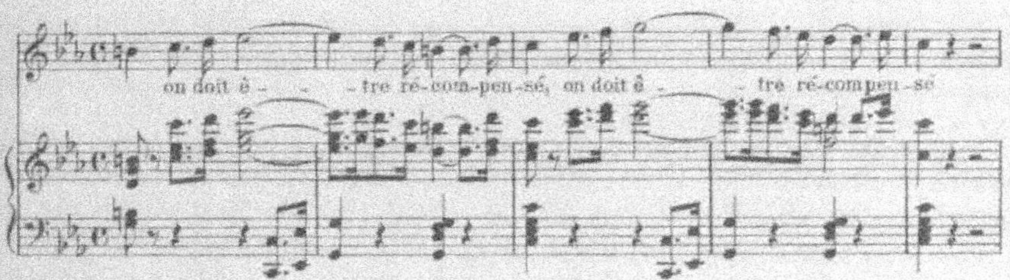

La chose est voulue, puisque le compositeur y revient dans la phrase suivante. Malipieri:

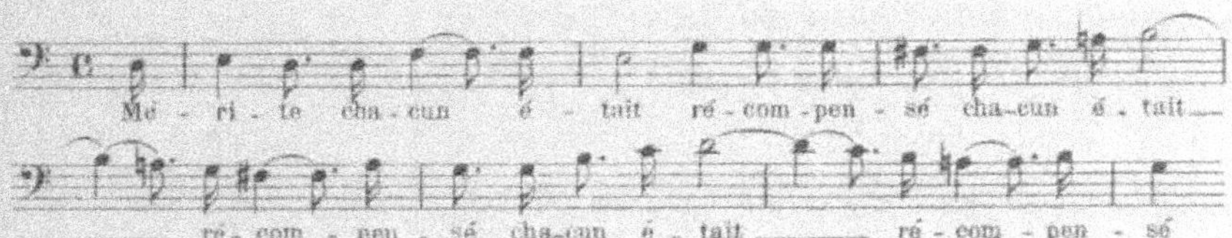

Voici ce que l'on entend. Lorédan:

On doit être — **ré** — compensé
On doit être — **récom** — pensé.

Malipieri insiste encore et y ajoute:

Cha — **cun é**-tait — **ré** — compensé — **récom** pensé.

Il y a cette fâcheuse liaison de l'**n** qui fait entendre « chacunétait » qui sonne mal à l'oreille, puis arrive le « **ré**-compensé » et le « **récom** — pensé » qui vient aggraver la dureté de la prosodie.

Nous bornerons là nos citations sur Auber, car les exemples nombreux que nous pourrions citer, ne seraient pas variés.

Le Barbier de Séville, de Paisiello.

Romance de Lindor :

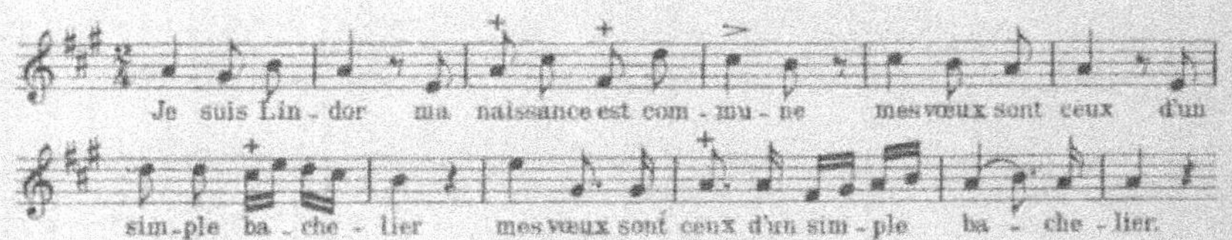

Les anciens, non plus ne sont pas à l'abri de ces fautes de prosodie, on ne peut ici, rejeter la faute sur l'opérette et dire, que c'est elle, qui a implanté ces mauvaises habitudes, puisqu'à l'époque de Paisiello on ne faisait pas d'opérette.

Il est évident, cependant que l'opérette, a habitué les oreilles modernes, aux mauvaises prosodies — on a ri d'abord de ses étranges liaisons, qui portaient à des sous-entendus, puis, insensiblement, on s'y est accoutumé, si bien que toute la génération nouvelle, n'y a plus prêté la moindre attention.

Aujourd'hui tous les faiseurs de romances, commettent ces fautes prosodiques. La généralité d'auditeurs ignore, il est vrai, même les règles les plus élémentaires de la prosodie. Pour eux, les remarques que nous faisons sont pour le moins ridicules.

Pour nous rendre compte, de l'influence de l'opérette sur les erreurs de prosodie, nous pouvons citer un fragment d'un opéra comique d'Offenbach, l'ex-roi de l'opérette, nous y retrouverons, un peu atténuées, les prosodies des ouvrages qui lui valurent ses premiers succès.

Les Contes d'Hoffmann, d'Offenbach.

Couplet de Lindorff (basse chantante), 1er acte :

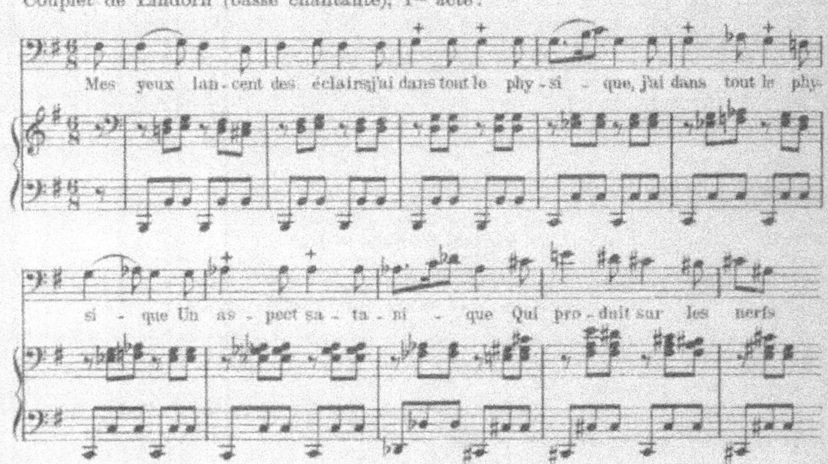

C'est ainsi qu'on écrit pour l'opérette :

J'ai **dans** — tout le — physique
Un **as** — pect **sa** — tanique
Qui produit **sur** — les nerfs.

avec cette différence, que les acteurs des Variétés ou des Bouffes, accentuent le côté comique de la prosodie, tandis que les chanteurs d'opéra ou d'opéra comique, débitent ces vers, de façon ingénue et sans se douter des erreurs qu'ils commettent.

Dans le courant de cet ouvrage, il nous plaira de citer, de temps en temps, à côté de prosodies défectueuses, des pages de nos auteurs, qui se sont les plus distingués dans l'art de la belle prosodie.

Massenet et son œuvre, doivent à ce titre être des premiers mentionnés ; le maître a, en effet, un culte spécial pour cet art, sa musique, claire, spirituelle, colorée, se plaît dans la recherche de la phrase, qui coule avec celle du poète. Le musicien sait comme peu, mettre en relief le mot saillant, qui doit donner le vrai sens à la phrase et l'éclairer.

Nous ne voulons pourtant pas, être taxé de complaisance aveugle pour cet excellent compositeur et sa musique, et pour prouver encore, notre désir marqué de la recherche de la vérité, nous citerons de lui, une phrase bien inspirée, mais qui sans renfermer de fautes prosodiques saillantes, ne nous satisfait pas complètement.

Werther, de **Massenet**.

Phrase de duo entre Werther et Charlotte :

Nous n'aimons pas une noire, une blanche et une croche pour les mots « jamais », nous estimons, que c'est trop donner d'importance à des mots qui ne peuvent que suspendre l'idée et retarder la phrase, ceux-ci n'ayant qu'une valeur relative ou dépendant du complément de la phrase.

Pourquoi aussi respirer après « poitrine » et isoler ces deux membres de phrase ?

Celle-ci n'est donc pas :

J'aurais sur ma poitrine
Pressé la plus divine ? etc.

Mais ce sont là peccadilles et c'est s'arrêter pour trop peu, et perdre du temps, lorsqu'il nous est donné de l'utiliser d'une manière si agréable, en citant les belles pages de l'œuvre du maître.

Ouvrons la partition de Manon, nous pourrons y puiser à notre guise.

Il est un air dans cet opéra, qui à cause de sa coupe, de son originalité, de sa situation scénique, pouvait offrir de certaines difficultés.

Nous allons voir, avec quelle facilité, Massenet sait les vaincre toutes et conserver au morceau musical, le charme, la clarté et la mélodie.

Manon, de Massenet.

Air de Manon (soprano), 1er acte :

Dès les premières mesures de cet air, on voit tout de suite, combien de soin le maître a mis à son œuvre. Le compositeur est méticuleux, il ne laisse rien au hasard, chez lui tout est marqué, souligné, indiqué.

La phrase qui commence l'air « Je suis encore tout étourdie » doit être dite d'une seule respiration et pourtant un demi-soupir sépare « Je suis encore » de « tout étourdie », l'auteur a voulu par là indiquer la gêne de la jeune provinciale, qui vient pour la première fois à Paris et qui ne veut pas qu'on se moque d'elle ; sans ce demi-soupir, la phrase serait, ou paraîtrait plus lourde et ne sortirait pas de la bouche de Manon.

Mais si au début, Manon a l'air de chercher ses mots, elle reprendra de l'assurance, lorsqu'il faudra qu'elle excuse son émotion, à Lescault : elle dira d'une seule haleine et très vivement, avec un seul retard (qui dénotera une pointe de coquetterie) sur la pénultième, et pour mieux affirmer son dire :

Excusez à mon bavardage,
J'en suis à mon premier voyage.

Ecoutons encore Manon, elle va nous raconter son voyage, elle va babiller, bavarder, elle nous dira les choses comme elle les sent et comme elles se présentent à son esprit, tout cela sans préparation, comme une gamine le ferait, s'arrêtant après chaque tronçon de phrase, pour ne garder son courage et sa force, qu'en s'excusant, toujours de la même manière et avec la bonne raison qu'elle a trouvée : « J'en suis à mon premier voyage. »

Toutes ces différentes intentions, sont peintes en maître, par Massenet, toutes ces émotions, il les a vécues et il les a rendues en grand artiste qu'il est.

Nous voudrions suivre le compositeur et pouvoir citer en entier ses belles pages : nous ne le pouvons dans cet ouvrage, qui ne doit contenir que des appréciations générales sur le plus d'auteurs possible.

Puisque nous sommes en verve de belles citations prosodiques, nous ne croyons faire mieux, que de donner une des plus belles pages d'Art lyrique et page qui est irréprochable sous le rapport de la prosodie.

On peut dire ici que la musique et les vers ne font qu'un ; quant au sentiment qui l'anime il est d'une grande pureté et d'une élévation d'esprit peu ordinaire.

S'il est des choses qui approchent de la perfection en ce monde, ce morceau musical et prosodique de Saint-Saëns est du nombre.

Saint-Saëns est non seulement un très grand musicien, mais c'est aussi, avec Gounod, Thomas, Massenet, un des maîtres en prosodie. Voici un petit chef-d'œuvre que nous donnerons comme exemple et comme modèle:

Etienne Marcel, de Saint-Saens.

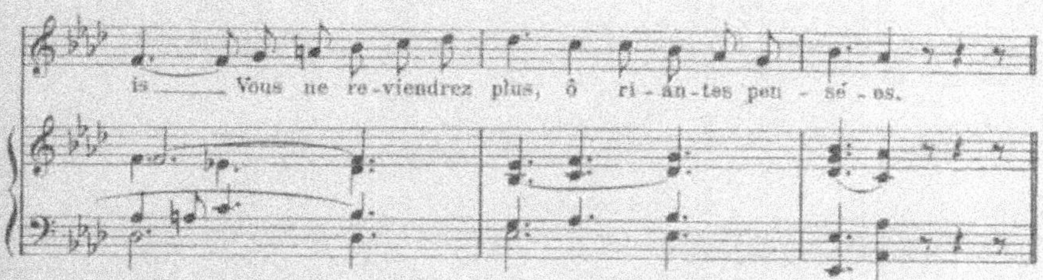

Remarquons, avec quelle connaissance de la prosodie, la phrase est coupée, et comme tous les mots ont bien leur valeur relative à celle-ci :

Oh beaux rêves évanouis!

« Evanouis » a l'air de tomber, comme ses rêves et surtout à regret et retenus.

Espérances tant caressées.

La fin du vers, a l'air d'être laissée à regret avec ses trois croches qui l'accompagnent.

Nous avons dans ce vers une muette : « Espérances » sous une croche pointée, mais celle-ci est voulue et est nécessaire, il faut que la phrase se soutienne, que la mesure soit complète pour ne prendre fin qu'après le deuxième temps de la mesure suivante, ayant pour premier temps trois croches égales qui ne brusquant rien et indiqueront le chagrin concentré.

Il en est de même de la blanche et des deux noires pointées, sur les mots : « Oh riantes *pensées* », c'est l'Etre qui garde son chagrin, ses regrets, qui se complait dans ce triste souvenir, c'est le malade qui aime sa douleur, le malheureux sa misère, et le prisonnier sa peine.

D'ailleurs, ce qui indique assez notre interprétation, c'est cette répétition de :

Oh beaux rêves évanouis!
Espérances tant caressées

que le musicien ne laissera que jusqu'au cri de l'âme, qui lui sera arraché par « adieu » et comme exténué et à bout de force il ajoutera :

Vous ne reviendrez plus,
Oh riantes pensées

qui semblent tomber avec son dernier espoir.

Telle est la belle page de Saint-Saëns que nous avons voulu donner comme modèle de prosodie.

Nous louons sans réserve cette belle inspiration, il nous serait agréable de nous complaire dans ce rôle de dilettante — si nous n'avions pas le devoir que nous nous sommes imposé, qui veut au contraire que nous cherchions, que nous épions, que nous puisions, surtout chez les maîtres incontestés, car prendre chez les grands est un enseignement précieux pour les jeunes, qui se rendent alors, compte du soin et de l'assiduité dont il faut faire preuve en prosodie lyrique.

Analysons maintenant.

En ce qui concerne la phrase citée plus haut, nous ne ferons qu'une seule restriction ou plutôt, nous donnerons un conseil — qui est celui de respirer après le mot « adieu » qui deviendra alors une exclamation et nous permettra de lier comme suit les phrases suivantes :

Adieu...
Sous mes yeux éblouis
Vous ne reviendrez plus
—
O riantes pensées.

Nous éviterons de prosodier :

Adieu sous mes yeux éblouis
—
Vous ne reviendrez plus ô riantes pensées

qui serait choquant.

Nous citons le motif suivant qui se trouve entre les deux phrases :

O beaux rêves évanouis.

Nous regrettons que le compositeur ne se soit pas inspiré de la phrase littéraire.

Ainsi par exemple, pourquoi avoir suspendu pendant toute une mesure, l'idée de la première phrase, par une réponse d'orchestre et avoir fait dire :

Pourtant, Dieu semblait le bénir
—
Cet amour qui faisait ma vie.

Est-ce que ces deux vers, ne forment pas une seule et même phrase — renfermant une seule et même idée complète?

Nous adressons également le même reproche à propos de la phrase:

L'ivresse d'un instant m'est à jamais ravie

que nous n'aimons pas coupée après « instant ».

La phrase du commencement « ô beaux rêves » revient et efface bientôt ces petits désagréments — elle finit cette fois

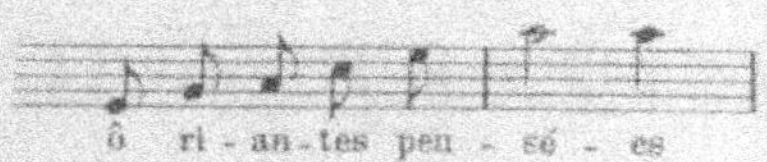

pour planer dans les airs.

Paul et Virginie, de V. Massé.

Couplet de Meala, (mezzosoprano-contralto).

Il faut croire que l'auteur de « Paul et Virginie », a eu l'intention arrêtée, de prosodier ainsi qu'il l'a fait, pour donner à cette chanson créole un air local; il ne nous appartient pas, de rechercher, s'il a atteint le but, ce qui nous importe davantage c'est de constater que tous les temps forts ou longs, tombent sur des mots nuls ou sans grandes importances, comme « au », « bleu », « feu », « m'ont pro**mis** », ce qui n'est pas très correct en prosodie.

Il y a aussi à la fin du couplet, deux vers ayant un sens différent:

A toi leurs bras sauveurs,
Au traitre le remords

qui se trouvent réunis dans une même phrase musicale, ce qui rend le sens peu compréhensible.

Voici un autre exemple pris dans cet opéra, le

Duo de Paul et Virginie.

Phrase de Virginie :

Cet exemple montre l'inconvénient qu'il y a, de dire deux phrases distinctes sur la même mélodie.

Alors que la première phrase cadre bien avec les paroles :

> Par le ciel qui m'entend,
> Par l'air que je respire

la phrase suivante, celle chantée par Paul :

> Par le Dieu que je prends
> *a té* — moin *de* — ma foi

semble boîteuse, outre que cela nous donne des prosodies comme « à té *moin de* ma foi » — ces vers qui ont le même nombre de pieds, n'ont pas la même coupe — on peut très bien dire : « Par le ciel qui m'entend » et respirer après — le vers a une signification, mais on ne peut pas dire : « Par le Dieu que je prends », on ne peut ni faire une longue de ce mot, ni respirer après, sans couper la phrase et la rendre obscure, *il faut que ces deux vers soient soudés ensemble :*

> Par le Dieu que je prends à témoin de ma foi.

L'Africaine, de Meyerbeer.

Air de Sélika, 2e acte.

L'exemple que nous donnons, de l'« Africaine » est un cas qui se présente très fréquemment.

Ce sont les notes dominantes, importantes de la mesure qui se trouvent placées sur des mots nuls.

Ici, ces syllabes nulles sont; *« en »* et *« m'en »*.

Parfois, il nous est impossible de donner notre version, et éviter les duretés, où, il ne nous est pas possible de donner une solution sans toucher à la musique ou aux paroles.

Cela ne nous empêche pas, de conseiller aux interprètes d'atténuer ces effets, lors de l'interprétation.

Si j'étais Roi, d'A. Adam.

Romance de Zephoris (ténor), 1er acte :

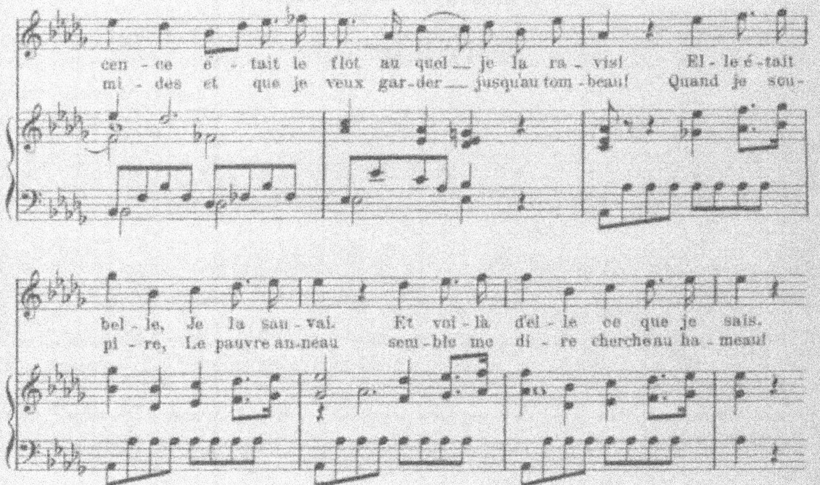

Si la phrase du librettiste et celle du compositeur, tombent ensemble au premier couplet, il n'en est pas de même pour le second.

Tandis que le poète écrit (le second couplet) :

> En la cherchant je n'ai pour guides,
> Que son image
> Et ce modeste anneau
> Qui glissa de ses doigts humides, etc.

Le compositeur, se basant sur la coupe du premier couplet, interprète de la manière suivante :

> En la cherchant, je n'ai pour guides
> Que son image et ce modeste anneau

après une respiration, il reprend :

> Qui glissa de ses doigts humides
> Et que je veux garder jusqu'au tombeau, etc.

La différence d'interprétation entre le poète et le musicien est évidente.

Mais analysons la phrase telle qu'elle est indiquée par le compositeur. Celle-ci semble indiquer, que c'est l'image et le modeste anneau, qui glissèrent des doigts humides de Zéphoris, mais alors dans ce cas, il y aurait une faute de français, attendu que le parolier, a mis le verbe au singulier ; de plus, son image ne peut glisser de ses doigts humides.

Donc, seule la version du poète est bonne.

Il en est de même, dans les phrases qui suivent, où le compositeur fait dire à Zéphoris :

> Quand je soupire
> Le pauvre anneau

ce qui ne signifie rien.

C'est encore à l'aide de la respiration, que nous allons pouvoir, sans changer une note de la musique du maître, atténuer la prosodie fâcheuse de ce second couplet.

Il est évident qu'on sentira la cadence de la phrase musicale, qui ne tombera pas en même temps que la phrase du parolier, mais un chanteur habile et prévenu, pourra conserver le sens musical et rendre compréhensible avec la version que nous donnons ci-après.

Deuxième couplet de la romance de Zéphoris dans « Si j'étais Roi » d'A. Adam.

Notre version :

Toujours de l'inconvénient qu'il y a, de chanter deux couplets sur la même phrase musicale.

Les Dragons de Villars, de Maillart.

Couplets de Sylvan. 1er couplet :

Nous n'avons pas cru utile, de donner les deux couplets en entiers. D'ailleurs les exemples que nous cherchons, se trouvent dans les premières phrases de la mélodie.

Le premier couplet, avec :

Ne parle pas, Rose, je t'en supplie

possède une mélodie, qui cadre très bien avec les vers. Mais il n'en est pas de même pour le second couplet :

En effet, le premier vers qui correspond à celui du premier couplet, dit:

Dieu nous a dit: Dans ton humble demeure

d'où il résulte, qu'il y a confusion, par la raison bien simple, que la deuxième partie du vers, appartient au suivant:

Dieu nous a dit:
Dans ton humble demeure
Garde une place au pauvre, etc.

S'il en était autrement, que voudrait dire: « Dieu nous a dit: Dans ton humble demeure » ?

Nous aurons souvent recours à la respiration, pour éviter ce non-sens et nous prosodierons de la manière suivante:

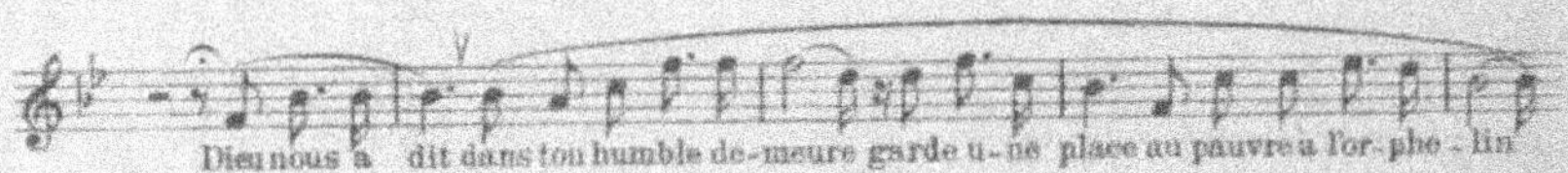

c'est-à-dire qu'après avoir respiré après: « Dieu nous a dit » on liera dans une seule respiration: « Dans ton humble demeure garde une place au pauvre, à l'orphelin », nous savons bien, que nous pourrions au besoin respirer aussi après « dans ton humble demeure », mais alors pourquoi, ne pas respirer encore entre « pauvre » et « orphelin » et dans ce cas, nous n'aurions que de petites phrases courtes, sans haleine. C'est pour cela, que nous donnons la version plus haut, qui exige un peu plus de peine et de travail au chanteur, mais qui est d'un style meilleur.

Troisième exemple, concernant les mêmes fautes prosodiques. Cette fois-ci nous le prendrons chez un maître en musique et en prosodie, un maître qu'on ne peut prendre que rarement en défaut et fut un des premiers de l'Ecole française, qui ait exactement adapté la musique aux paroles.

Mignon, d'A. Thomas.

Romance de Mignon (mezzosoprano), 1er acte:

Rien à dire du premier couplet où la musique cadre parfaitement avec les vers du poète :

> Connais-tu le pays où fleurit l'oranger,
> Le pays des fruits d'or et des roses vermeilles?

La phrase du librettiste et celle du compositeur tombent justes. La phrase du musicien et sa réponse, exigent bien deux vers pour compléter l'idée, absolument comme celle du poète. Mais en est-il de même au second couplet? Nous ne le pensons pas, les phrases, au contraire, se contrarient, par la raison qu'A. Thomas a voulu conserver la même coupe, le même rhythme, malgré la coupe nouvelle des vers du poète.

En exigeant deux vers pour formuler sa pensée musicale, le compositeur n'a pas pris garde, que le second vers, du second couplet, qu'il lie au premier, appartient en réalité au vers suivant, on ne peut les séparer sans obscurcir le sens de la phrase.

Que veut dire :

> Connais-tu la maison, où on m'attend là-bas,
> La salle aux lambris d'or, où des hommes de marbre?

et que viendrait faire, pris isolément, ce troisième vers :

> M'appellent dans la nuit en me tendant les bras?

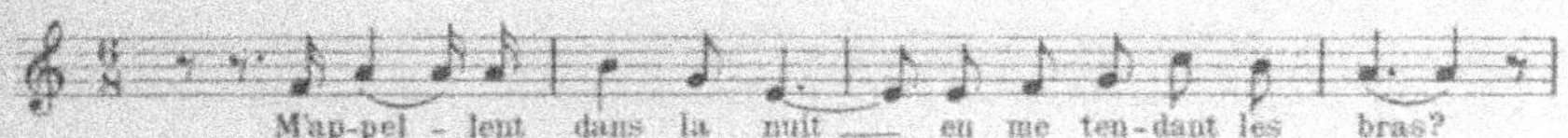

Le vrai sens n'est-il pas celui-ci :

> Connais-tu la maison, où on m'attend là-bas
>
> —
>
> La salle aux lambris d'or, où des hommes de marbre
> M'appellent dans la nuit en me tendant les bras?

Qu'on n'allègue pas, qu'A. Thomas a voulu laisser l'artiste libre de lier, au moins la dernière phrase du deuxième vers au suivant (le troisième), non, la liaison (comme il est aisé de le voir par l'exemple que nous donnons plus haut) est marquée, indiquée par le compositeur, des mots « aux lambris d'or » jusqu'à après « des hommes de marbre ». De plus, après ces derniers mots, l'auteur a marqué un demi-soupir, qui plus, dans la mesure suivante, et avant : « M'appellent dans la nuit » il est écrit deux demi-soupirs dont le dernier pointé.

Nous sommes fort embarrassé, pour conclure et indiquer une solution qui puisse concilier les deux phrases, nous ne la trouverons que dans la possibilité de lier avec une seule respiration le deuxième et le troisième vers. Mais combien y a-t-il de chanteuses pouvant dire huit mesures sans respirer, dans un mouvement lent comme celui-ci ?

Que le lecteur conclue, en se rappelant toute fois, le respect qu'on doit avoir pour la musique d'un maître comme A. Thomas.

Parfois de tels maîtres commettent des erreurs de prosodie qui sont voulues, c'est tel ou tel interprète, qui lui a demandé de changer une syllabe, en croyant que ce changement pût favoriser l'émission du son. Les compositeurs y acquiescent le plus souvent.

Il se pourrait que l'exemple suivant soit de cette espèce.

Phrase de la « Chanson à boire » d'Hamlet, 2e acte :

Nous préfèrerions la version suivante qui supprime le « enchan — teresse » qui choque l'oreille :

En commençant la critique que nous avons faite de « Mignon », nous avons dit que Thomas était un maître en prosodie. Il fut un des premiers à accepter les nouvelles idées de Gounod.

Suivant la ligne que nous nous sommes tracée et qui veut des exemples modèles à côté des exemples critiqués, nous ne croyons mieux faire que de donner un exemple modèle du maître. Nous prendrons celui-ci dans « Hamlet ».

Hamlet, d'A. Thomas.

Trio : Ophélie (sopr. aigu), la Reine (mezzosopr.-contralto), Hamlet (baryt.), 3e acte. (Nous regrettons ne pouvoir donner qu'un fragment, nous ne voulons pas piller les partitions au détriment des compositeurs et des éditeurs.)

Nous connaissons peu de musique mieux assimilées aux paroles et plus scéniques en même temps, que cette page, où le sentiment vrai de la phrase, l'expression du mot sont traduit avec autant de vérité.

Si nous voulons lire attentivement, ce trop court récit que nous donnons, nous y trouverons, dès les premières mesures, un respect de la phrase prosodiée et scénique et le désir de mettre en évidence le caractère des personnages.

A peine la ritournelle a-t-elle annoncées la Reine et Ophélie, que celles-ci apparaissent, la Reine laisse tomber ces mots: « Le voilà » (deux doubles croches et une noire) qui peignent l'effroi dans lequel la reine est actuellement plongée.

Mais poursuivons, nous verrons avec quel soin les mots ayant une valeur, sont mis en relief, et tous selon leur importance. Tandis qu'une croche pointée fait briller « lire », une noire et une croche font ressortir « sa pensée ». Ce qui fait que, n'entendrait-on que ces deux mots, « lire », « pensée », on saisirait immédiatement le sens de la phrase.

Que voyons-nous après? « Cher Hamlet », puis un demi-soupir, la Reine a besoin de se ressaisir, elle a une certaine appréhension, elle surmonte difficilement sa gêne: « Par mes soins et par l'ordre du Roi » toujours la phrase très coordonnée et les valeurs à leurs places — « l'autel est préparé » avec des doubles croches et le repos sur la blanche, comme quelqu'un qui ayant fait des efforts pour avouer, respire un instant. Le reste lui coûte peu à dire — aussi dira-t-elle la phrase suivante: « Voici ta fiancée » sur des blanches et des noires. La Reine se repose, après s'être surmontée pour avouer à son fils, ses projets de mariage avec Ophélie, sur lesquels elle compte pour calmer un instant l'esprit troublé de son fils.

Continuons; voici un mauvais présage, qui est annoncé par un *si bémol* grave que donnent les basses d'orchestre. Hamlet est resté immobile et Ophélie dira avec des larmes dans la voix: « Il se tait » avec des doubles croches! Pourriez-vous exiger qu'Ophélie chantât sur des blanches, même des noires? en aurait-elle la force? Mais elle poursuit toujours très émotionnée: « Son regard se détourne de moi » avec les mots « **regard** », « dé**tourne** », « de **moi** » soulignés. Soudain aux basses d'orchestre un *fa dièse* qui annonce encore des pleurs, c'est Hamlet qui répond: « Oh torture », deux doubles croches, puis un demi-soupir. « Oh supplice » un demi-soupir aussi, mais une croche pointée sur « Oh » exclamation et le reste en doubles croches, mais avec les mots « père », « complice », « en évidence », « la reprend », « on nous attend », « venez » tout cela entrecoupés par l'émotion et la peur, et des doubles croches, des soupirs, des demis-soupirs, des réponses d'orchestre, prosodie parfaite, et le tout peint bien l'état d'âme de ces trois personnages: Ophélie, la Reine, Hamlet — la gêne, le chagrin, l'émotion de ces trois êtres qui s'aiment et qu'une fatalité éloigne l'un de l'autre.

Nous sommes heureux, de pouvoir lire de temps en temps, ces belles pages, où la musique et la poésie, s'allient avec tant de bonheur.

Lalla Rouk, de **Félicien David.**

Duo du premier acte:

Félicien David, qui était pourtant un compositeur très méticuleux, très observateur, très poétique, a fait des fautes de prosodie, nous n'en voulons pour preuve, que l'exemple que nous donnons plus haut.

Cette phrase contient deux fautes:

Je ne suis hélas *qu'un* — pauvre poète

d'abord la liaison de « hélas » avec « qu'un » — de plus l'arrêt sur ce dernier mot.

Un obscur chanteur *qui* suit tous vos pas

le retard sur le mot « qui » est aussi mal, que celui que nous citons dans le vers précédent.

La chanteuse n'est pas plus heureuse que le ténor. Quand sa phrase arrive, nous y lisons:

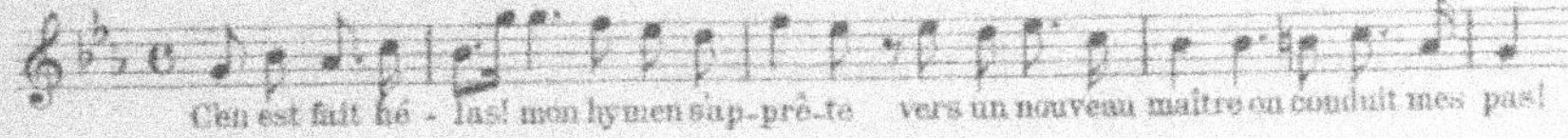

C'en est fait ***hélas mon*** — *hymen s'apprête*
Vers un nouveau mal — ***tre on*** *conduit mes pas.*

Le chant, se trouvant en même temps à l'orchestre, il nous est impossible de donner notre version — il n'y aurait dans ce cas qu'à changer les paroles.

La nouvelle génération de compositeurs se montre plus respectueuse de la prosodie — quelques erreurs pourtant, se glissent par-ci par-là, nous croyons devoir les signaler.

Patrie, de Palhadille.

Extrait du duo du deuxième acte entre Dolores (soprano dramatique) et Karlo' (fort ténor).

Le sympathique auteur, de « Patrie », semble avoir voulu mettre toutes les syllabes féminines sur les temps forts — il est moins heureux encore — à la troisième et quatrième mesure, avec « mon — â — **me e** — ne — **m'ap par** — tient plus » le premier et le troisième temps de la quatrième mesure, tombent sur « ne » et « par » qui sonnent très mal.

Mais voici une autre phrase du duo, où la prosodie joue un mauvais tour au musicien :

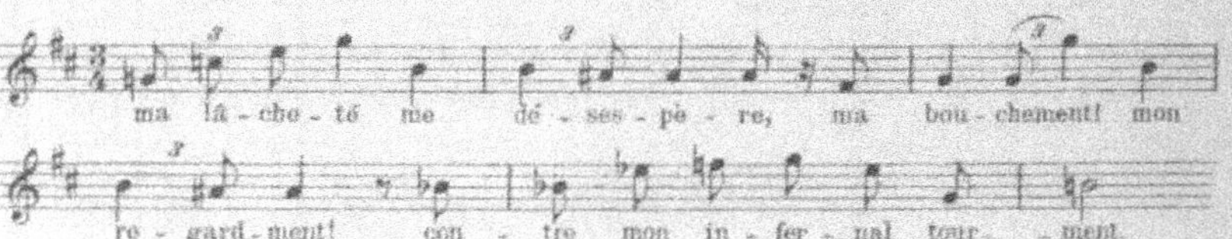

Ici les mots sont liés et donnent la prononciation suivante :

Ma bouchement
Mon regardment

Ne dirait-on pas des adverbes, au lieu d'un substantif et d'un verbe ?

Trouvera-t-on, que nous nous arrêtons à des vétilles ? En tout cas, n'est-ce pas notre rôle ?

Malgré de petites faiblesses prosodiques, ajoutons que « Patrie » est une œuvre soignée que nous voudrions voir au répertoire.

Il faut croire, qu'une des choses les plus difficiles en prosodie, est pour le compositeur, de faire cadrer sa phrase musicale avec celle du poète — tout en conservant son rhythme — la phrase mélodique et le caractère du morceau.

Cette réflexion nous vient à l'esprit, en voyant la quantité de compositeurs hors pairs, tous hommes savants, érudits, soigneux, qui font (comment dirons-nous?) de mauvaises prosodies par complaisance, pour aider à la phrase musicale, pour le caprice de l'oreille, ou encore, mais non, tous sont en même temps gens d'esprit et par suite ne peuvent avoir de mépris pour les vers du poète.

Nous donnons cet exemple, pour appuyer notre dire; ce sont quelques mesures de la « Berceuse » de Jocelyn de *Godard*, un de nos jeunes compositeurs, trop tôt ravi à l'admiration de ses contemporains.

Nous choisissons de préférence, les opéras les plus connus, des compositeurs, que nous citons, les morceaux qui sont dans la mémoire de chacun, afin que le lecteur, point distrait par la phrase musicale, puisse porter toute son attention sur la partie prosodique et suivre notre raisonnement.

Jocelyn, de Godard.

Berceuse :

Cette page musicale, est d'une heureuse inspiration, elle respire bien le calme, la tranquilité qui sied à la situation scénique. La musique toutefois ne cadre pas avec la pensée du librettiste.

Celle-ci dit :

Ah! ne t'éveille pas encore
—
Pour qu'un bel ange
De ton rêve
En déroulant son long fil d'or,
Enfant — permette qu'il s'achève.

Le compositeur a traduit:

Ah! ne t'éveille pas encore
Pour qu'un bel ange de ton rêve
—
En déroulant le long fil d'or,
Enfant,
Permette qu'il s'achève.

Ces vers, il faut bien l'avouer, ne sont pas faciles à mettre en musique, (si on veut respecter la prosodie); les voici, du reste, en prose: « Enfant, ne t'éveille pas encore, pour qu'un bel ange, en déroulant son long fil d'or, permette que ton rêve s'achève. »

Si, dans des cas semblables, il ne nous appartient pas de corriger les auteurs, nous devons signaler ces cas, et dire que nous n'aimons pas les vers liés par la mélodie, qui rendent, ainsi unis, une imparfaite idée, de ce qu'a voulu dire le poète.

Pour cette fois-ci, nous dérogerons à notre habitude, en citant comme exemple une œuvre nouvelle; l'opéra, en faveur duquel nous faisons cette exception, est une œuvre que nous voudrions et que nous pensons voir bientôt au répertoire courant.

Nous regrettons, de ne pas pouvoir dire de cet opéra, tout le bien que nous pensons, au point de vue musical. Mais il nous appartient de le signaler, sous le rapport de la prosodie, qui est, disons-le tout de suite, très soignée.

Peut-être, par-ci par-là, trouverions-nous à glaner — comme, par exemple, dans la citation suivante, qui est d'une belle venue, mais dans laquelle nous trouvons des demi-soupirs qui nous chagrinent, ils semblent toucher à la phrase musicale et lui enlever, par cela même, toute son envolée. Qu'on en juge:

Calendal, d'H. Maréchal.

Duo entre Diane, (soprano dramatique) et Calendal, (ténor).
Phrases de Diane, 4e acte:

Nous eussions préféré les phrases liées — comme suit:

O Dieu du Ciel, suprême asile,

Nous n'avons plus d'espoir qu'en toi,

S'il faut quitter la terre où la loi nous exile,

Ouvre-nous de ton ciel l'éternelle clarté.

La citation suivante, est une belle inspiration, une évocation très scénique, d'un bon style et bien raisonnée sous le rapport de sa prosodie.

Calendal, ayant gagné l'épaulette d'or à l'armée et croyant ainsi avoir mérité l'amour de la femme adorée, raconte à ses amis la première vision qu'il eut de la déesse, qui sut lui enflammer le cœur. Il s'exprime ainsi:

Les valeurs de mots, sont bien observées, les rayonnantes bien en évidence, la coupe juste et la phrase claire.

Mais, suivons un instant le compositeur, et rendons-nous compte de ce que nous avançons. Qu'y voyons-nous? Dans la première phrase: « Aux dernières clartés du jour », il a donné plus d'importance à « dernières » qu'à « clartés » qui, pourtant, pourrait paraître la syllabe dominante. Mais ici il n'en est rien et l'appui sur le mot « dernières » indique que la nuit tombait, que le soleil avait fini son cours, et c'est raisonner juste que raisonner ainsi. — Deuxième phrase: « Blanche, dans la blanche lumière ». Ici, c'est le mot « lumière » qui est en évidence et indique que c'est à la clarté de la lune, que la première vision se produisit.

Le musicien continue: « Comme au premier songe d'amour », en appuyant « *songe* d'amour » avec deux croches qui lient ces deux mots, dans un mouvement lent et descendant, qui peint bien le ravissement de Calendal.

Toute la scène se poursuit ainsi; toujours un grand scrupule de la valeur des mots, du sens poétique et scénique; les phrases longues et bien encadrées, bien coupées.

Il est très agréable pour nous de voir de jeunes compositeurs suivre la voie tracée par les Gounod, les Saint-Saens, les Massenet etc., et venir renforcer le bataillon des prosodistes, — nous espérons en l'auteur des « Amoureux de Catherine », de la « Taverne des Trabans », qui est un modeste.

Bizet.

Bizet, prosodie très bien et, certes, il nous serait facile de citer de lui des modèles du genre; nous préférons, pour bien marquer notre impartialité, analyser plusieurs morceaux du maître.

Ce sont travaux agréables et instructifs, que de lire la musique du père de *Carmen*, de *La jolie Fille de Perth* et de tant d'autres chefs-d'œuvre.

Carmen, de Bizet.

Duo du premier acte, Micaela (soprano léger), Don José (ténor).

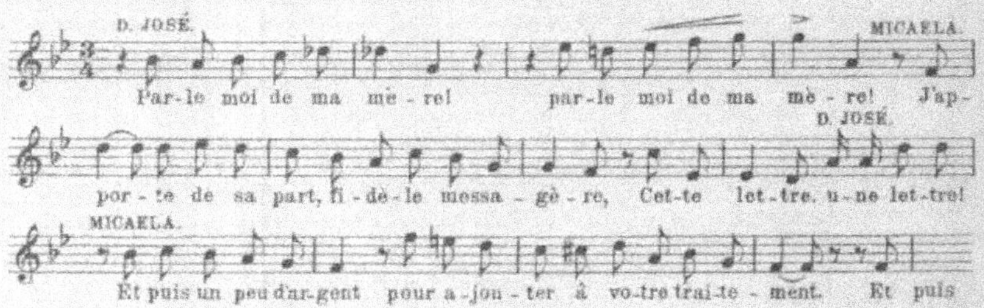

Le duo commence bien, le sentiment est vrai. Cette phrase « Parle-moi de ma mère », avec la marche ascendante de la mélodie, dit bien l'émotion, le plaisir, en même temps qu'elle devient interrogative. La répétition voulue de la même phrase nous dira l'anxiété de Don José, qui a besoin de la parole de sa mère pour cicatriser le mal que Carmen lui a fait. Don José s'écrira encore en apprenant que sa mère lui adresse une lettre, « Une lettre » avec deux doubles croches, qui, comme un cri, sortent spontanément de sa poitrine — et Micaela reprendra, très simplement, mais avec une certaine gêne, dira:

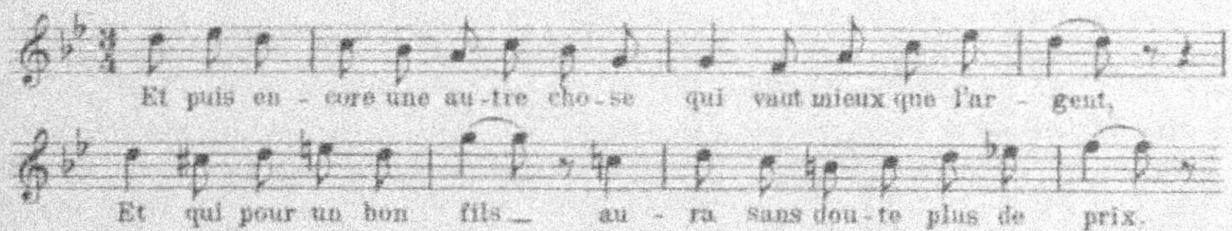

Nous ne critiquons pas le demi-soupir, qui sépare, « Et qui, pour un bon fils » de la phrase suivante; au contraire, ce demi-soupir indique assez l'émotion de Micaela, il lui est impossible, dans l'état où elle est, de dire toute la phrase avec la même respiration; n'aime-t-elle pas Don José, à qui sa mère l'a fiancée? La mère ne l'a-t-elle pas chargée d'embrasser pour elle Don José? Le demi-soupir est donc nécessaire, pour marquer l'émotion et la gêne.

Tout cela est bien vécu et bien en place.

Et la phrase qui suit, est-elle assez jeune et heureuse?

Le passage suivant, nous plaît moins, et ici, nous ne comprenons pas, le demi-soupir qui coupe cette idée, qui est pourtant bien belle et si sympathique:

Nous n'hésitons pas à conseiller de lier cette phrase, avec un crescendo sur le *fa* blanche.

Et tu lui diras que sa mère songe nuit et jour à l'absent

comme nous l'indiquons.

Le duo se continue très heureusement:

Le compositeur a su trouver toutes les émotions, pour peindre cette situation; d'abord ces phrases coupées, comme quelqu'un qui veut se ressaisir, après un cauchemar; c'est Don José qui, hanté par l'image de Carmen, tâche de l'éloigner de son esprit, en se réfugiant dans le souvenir de sa mère; c'est la réponse de Micaela, qui insiste « Demain, je verrai votre mère », l'avant-dernière syllabe sur une ronde afin de bien affirmer. « Tu la verras », dit précipitamment Don José, avec des doubles croches puis un demi-soupir pointé, « Eh bien », puis reprenant ses forces, « tu lui diras », une blanche et une croche; voici le salut. Don José est sauvé, et reprend, maître enfin de lui: « Tu lui diras que son fils l'aime et la vénère », etc. Et, c'est dans un excellent style, avec un grand soin de prosodie et une grande connaissance des situations dramatiques, que ce beau duo finit.

L'exemple suivant, est pris dans Carmen également. Tout en disant ce que tout le monde sait, que cette mélodie de Don José, est une belle inspiration, d'un beau sentiment et bien en situation, nous ne pouvons nous défaire d'une certaine gêne, que nous éprouvons, à voir toutes les phrases détachées l'une de l'autre; on peut, nous le savons, alléguer l'émotion, le chagrin d'amour de Don José. Nous pensons, au contraire, que les serments d'amour, les déclarations d'amour, gagnent en persuasion avec des phrases longues, soutenues et énergiques.

Romance de Don José (ténor), 2e acte de Carmen:

Nous comprendrions au besoin (et en tenant compte de la gêne, où se trouve Don José, devant cette Carmen) les deux premières respirations, qui sont indiquées par l'auteur, avec des demi-soupirs, mais nous dira-t-on qu'isoler une phrase comme

Flétrie et sèche, cette fleur

pour reprendre après, isolément également,

Gardait toujours sa même odeur.

alors que ces deux vers feraient si bien ensemble, n'irait pas mieux?

Aussi conseillons-nous de chanter cette romance, avec le plus possible, de phrases liées, et une grande simplicité. C'est là, croyons-nous, la meilleure interprétation.

Les réflexions que nous faisons sur Bizet, ne peuvent en rien, diminuer l'admiration que tout le monde et nous-même, professons pour le maître. Mais nous avons promis de dire toute notre pensée et nous tenons notre parole.

Voici un dernier exemple pris au compositeur; c'est encore *Carmen* qui nous le fournit. Air de Micaela, 3e acte:

Nous nous abstiendrons, de faire l'analyse prosodique de ce morceau; ce que nous pouvons dire, c'est qu'il est excellemment prosodié. Nous serions heureux, que le lecteur se convainquit par lui-même, de la véracité de notre dire, qu'il se rendit compte, des syllabes bien mises à leur place, des soupirs, des quarts de soupir, indiquant le caractère du personnage; c'est une heureuse satisfaction, que celle, de se convaincre soi-même, le plaisir y est plus grand.

Ne quittons pas Carmen, sans dire un mot, des couplets du Torero, qui sont assurément, un des refrains les plus populaires de la partition.

Ajoutons, tout de suite, que ce grand succès, n'a pu faire, que ces couplets soient très inférieurement écrits, au point de vue de la prosodie, (pour ne parler que de ce qui nous concerne). Il n'est besoin, pour s'en convaincre, que de lire sérieusement ce morceau.

Peut-être, n'aurions-nous pas souligné ce cas, si ce n'était pour montrer, que même des compositeurs comme Bizet, peuvent commettre, une des plus grandes fautes de prosodie, qu'un musicien puisse faire; en détruisant la coupe littéraire de la phrase, et en enlevant de ce fait, toute la clarté et la compréhension à celle-ci.

Voyons d'abord ce qu'a écrit le librettiste:

> Votre toast, je puis vous le rendre,
> Senors,
> Car, avec les soldats,
> Les toreros savent s'entendre.

Ceci est très clair, et c'est comme si on avait écrit: « Senors, je puis vous rendre le toast que vous me portez, car les soldats et les toreros peuvent s'entendre. »

Or, voici comment Bizet a traduit:

Couplets du Torero, (2e acte):

c'est-à-dire

> Votre toast, je puis vous le rendre,
> Senors, car, avec les soldats

Or, que veut dire cette première phrase ainsi coupée et soudée avec une partie de la phrase suivante? En effet, « Car, avec les soldats » appartient au vers suivant qui dit: « Oui, les soldats savent s'entendre ». La faute est tellement flagrante que nous ne croyons pas devoir y insister davantage, car elle est signée Bizet, un des compositeurs les plus justement admirés.

Cela ne prouve-t-il pas une fois de plus, et avec les mêmes arguments, que nous avons employés et que nous emploierons encore, combien de soin et d'attention, il faut porter à l'étude de la prosodie lyrique. Etude malheureusement trop délaissée.

Delibes.

Ce sympathique, ce bon, grand bel homme qu'était Delibes, fut aussi un sensitif au premier chef. Quelle musique est plus délicate, plus fine, plus claire, plus spirituelle que la sienne.

Il ressent toutes les émotions, mais il ne les produit, qu'enveloppées d'une certaine poésie, en homme délicat et selon son sentiment.

Avons-nous besoin d'ajouter, qu'un musicien doublé d'un tel tempérament prosodie bien? Cet effet n'est que le résultat de ses qualités.

Nous avons donné trois exemples, ayant trait à l'inconvénient, de chanter deux strophes sur la même mélodie.

La citation suivante, nous dira que Delibes a su éviter cet écueil.

Voici comment le compositeur a écrit les deux strophes, de ces délicieuses stances.

Lakmé.

Stances chantées par Nilakanta (basse chantante), 2e acte:

Peu de morceaux, sont aussi impeccables, que celui-ci, sous le rapport de la prosodie. Aussi, est-ce avec plaisir, que nous suivons, que nous analysons, que nous étudions le maître, qui, pas une fois, ne succombe à la tentation de la routine, qui croit sauvegarder les droits de la musique, en sacrifiant ceux des paroles.

Toutes les syllabes longues, tous les mots importants, se trouvent sous des notes longues et sur des temps forts; les triolets ne sont pas là seulement à cause du rhythme de la musique, mais aussi, (et nous disons surtout), à cause de la prosodie et pour empêcher, que telles syllabes tombent sur des temps forts et sonnent mal à l'oreille. Malgré le désir que nous aurions de détailler de pareils morceaux, nous ne devons pas oublier, qu'en donnant cet exemple, notre but était de démontrer que Delibes a été un des rares compositeurs, qui aient su éviter l'écueil et faire chanter deux strophes sur la même mélodie.

Voici la deuxième strophe:

Il est facile de voir, que toutes les qualités, qui font le charme de la première strophe, se retrouvent dans celle-ci; l'oreille, n'est nullement gênée par des liaisons dures. Les paroles et la musique ne font qu'un.

Nous devrions beaucoup insister sur ce sujet, car, nous le répétons, Delibes est un des rares compositeurs, qui aient évité les mauvaises prosodies et se soient volontairement soumis, de par sa nature, aux exigences des paroles.

Ce deuxième exemple, que nous donnons de Lakmé, disons-le tout de suite, ne nous satisfait pas complètement, (non pas au point de vue de la prosodie banale du mot) — Delibes ne peut faire de pareilles fautes — mais sous le rapport de la coupe de la phrase.

Le motif musical est suave, poétique, le rhythme est très heureux, mais le musicien s'est laissé bercer par celui-ci et reste trop longtemps sur des syllabes, qui suspendent un instant le sens, et empêchent la phrase du poète de se poursuivre. Ces mots sont: *sens, voluptés, espace, qui, ma bouche.*

Jean de Nivelle, de Leo Delibes.

Jean de Nivelle, est antérieur à Lakmé, c'est ce qui explique, les phrases plus libres, qu'on trouve que dans ce second ouvrage. Les qualités du compositeur, disent pourtant, ce que sera le maître, car on ne découvre chez lui, aucune faute grossière de prosodie, aucune liaison qui puisse prêter à des jeux de mots, comme il arrivé parfois chez d'autres auteurs.

Ce que nous lui reprochons, c'est de ne pas avoir bien soudé les phrases entre elles, selon que l'exigent le sens et la prosodie.

Le passage que nous citons plus haut, est précédé et suivi d'un agréable motif sur les vers suivants, que nous croyons devoir donner pour éclairer la religion du lecteur. Le voici:

On croit à tout lorsque l'on aime,
C'est la loi suprême,
Des cœurs amoureux.
—
Au bois les églantines blanches
Semblaient à mes yeux
Ecarter les blanches.
—
J'ai cru voir Jean les abaisser,
Pour mieux me regarder passer
—
On croit à tout lorsque l'on aime.
—

Nous devons prouver maintenant, que les phrases ne sont pas liées, selon qu'il le faut: En effet voici comment le compositeur a phrasé;

Mais oui, c'était Jean lui-même,
Et, sous les feuillages ombreux,
—
J'ai vu les éclairs de ses yeux.
—
Il m'aime — il m'aime,
—
C'est pour moi, c'est pour lui,
Que le Ciel est plus doux
Fleurs, oiseaux, vous naissez —
—
Vous chantez pour nous.

Le poète, lui, a prosodié comme suit:

Mais oui, oui, c'était Jean lui-même,
—
Et, sous les feuillages ombreux,
J'ai vu les éclairs de ses yeux.
—
Il m'aime, il m'aime,
—
C'est pour moi, c'est pour lui, que le Ciel est plus doux,
—
Fleurs, oiseaux, vous naissez, vous chantez pour nous.

Ce qui n'est pas la même chose, mais on peut atténuer par des liées, en déplaçant les respirations.

Voici notre version:

Dans tous les ouvrages de Delibes, on sent le prosodiste; mais c'est surtout dans ses dernières créations, qu'on voit vraiment l'artiste, qui fait marcher de pair la musique et les paroles et cela avec une telle facilité, que les phrases du poète et celles du musicien, ne font qu'une et semblent être inspirées par un seul auteur.

Il est bien regrettable que nous ne puissions donner que des aperçus sur de pareilles œuvres.

Hérold.

C'est mal admirer les maîtres, que de les donner de confiance, et d'accepter sans restriction leurs œuvres, sans oser en faire la moindre critique. Il n'y a pas d'ouvrage parfait et sans taches. Il faut oser signaler celles-ci; on est plus à l'aise, ensuite, pour goûter pleinement les beautés, qui ont ainsi passé au feu de la critique, et y ont résisté.

Le nom d'Hérold, se trouve en tête de ce paragraphe; certes, nous avons une grande admiration pour l'auteur du *Pré-aux-Clers*, mais cela ne peut nous empêcher cependant, de trouver que le maître, s'est fort peu préoccupé de la valeur des syllabes; qu'il lui importait guère, d'appuyer sur une muette, pourvu que la phrase musicale se développât dans toute son ampleur. Voyez, par exemple, cet air de Mergy.

Le Pré-aux-Clers, de Hérold.

Air de Mergy. (ténor), 1er acte:

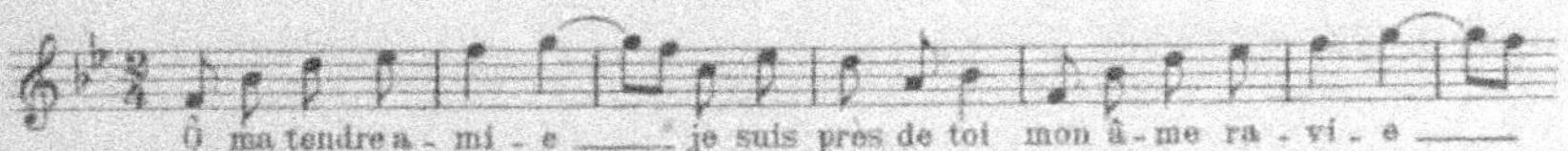

Nous avons, dans cet exemple, l'effet de l'«e» muet, qui n'est pas classique; nous lui préférons la tenue de l'*i* sur le sol comme ceci:

Nous savons bien, que ce n'est pas merveilleux, que cette continuation sur *i*, qui est dure, mais des deux maux, nous choisissons le moindre et nous adoptons notre version:

Voici un autre exemple, d'un retard sur un *a* qui n'est certes pas très bon et qui a l'air d'une exclamation (Ah!):

et, ce qui aggrave la chose, c'est que l'auteur a lié «l'amour» avec «à célébrer», ce qui fait, que nous nous demandons, si on doit dire ses deux phrases sans respirer, ou s'il faut respirer après «célébrer», ce qui couperait la phrase et embrouillerait le sens.

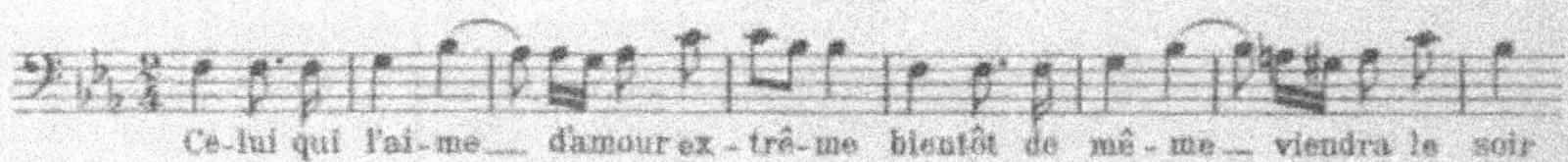

Dans cette nouvelle phrase de Girot, son duo avec Nicette, il y a un abus d'e muets, qui tombent sur des temps longs, mais on peut y remédier de la façon suivante:

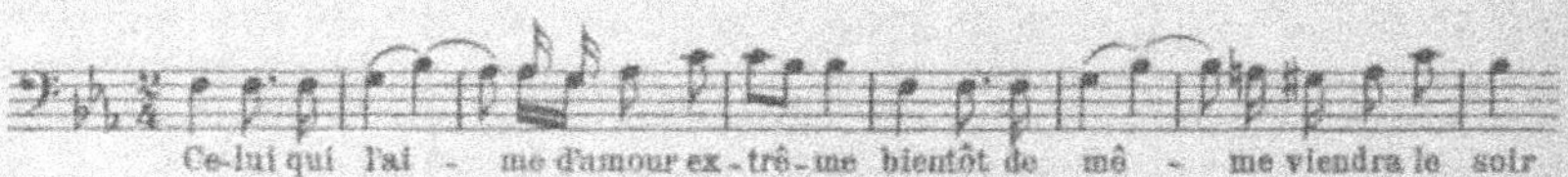

et l'effet en sera moins dur.

Un exemple où l'abus de l'*e* muet est plus grand encore, et pourtant la phrase est tellement bien venue, qu'elle n'a pas l'air dur.

Zampa, de Hérold.

Air de Zampa. (ténor), 1er acte.

Nous avons marqué d'une croix, les petites fautes de prosodie; celles qui nous paraissent les plus malheureuses, sont les deux dernières: «buvons *car*» et, peut-être *un*», ces arrêts sur «car» et «un» sont des moins excusables.

Air de Zampa, 2e acte.

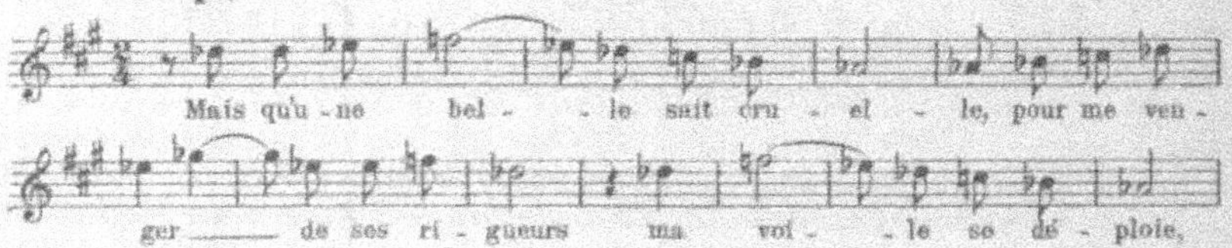

Nous pourrions trouver à redire dans cette citation, à cause des suspensions trop longues sur certaines syllabes, qui retardent la phrase, mais tout cela est si bien fondu, qu'on n'a plus le courage de critiquer.

Il faut pourtant que le chanteur qui interprètera ce morceau, ait le soin de lier «Mais qu'une belle soit cruelle» — «pour me venger de sa rigueur» — «ma voile se déploie, je l'enlève comme un oiseau de proie», et en trois phrases bien coupées, sans cela, le sens en serait confus.

Pour finir les citations prises chez Hérold, nous reviendrons au «Pré-aux-Clers» et à l'air de Mergy, 1er acte:

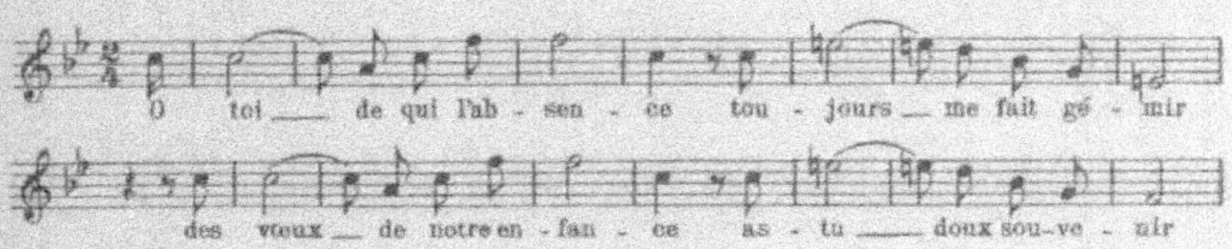

Nous regrettons de dire, qu'ici nous n'aimons pas les phrases coupées, lorsque celles-ci, au contraire, ont toutes les raisons pour rester soudées entre elles.

Ainsi, pourquoi prosodier et couper ainsi:

O toi de qui l'absence
—
Toujours me fait gémir,
—
Des vœux de notre enfance
—
As-tu doux souvenir?

Et ne pas dire ainsi:

O toi de qui l'absence
Toujours me fait gémir,
—
Des vœux de notre enfance
As-tu doux souvenir?

Paër.

Le Maître de chapelle, est le seul ouvrage, qu'on chante encore, de ce compositeur (en France du moins). Nous devons même ajouter, pour dire vrai, qu'on ne chante, de cet opéra, qu'un acte sur deux, qu'il comporte.

Ce sont surtout les barytons qui réclament «le Maître de chapelle», et ce, à cause du grand air du premier acte, air qui est devenu célèbre et qui est l'objet d'étude, pour tous les futurs barytons, qui étudient dans les conservatoires.

Voici du reste l'andante de cet air qui contient toutes les difficultés, et les beautés du morceau.

Pour i-mi-ter ton char-me sé-ducteur ins-pi-re
moi di-vi-ne Clé-o-pâ-tre di-vi-ne di-
vi-ne Clé-o-pâ-tre de tes ac-cens de tes ac-
cens prê-te moi la douceur et j'ob-tien-
drai les pal-mes du thé-â-tre pour i-mi-ter

Une rapide lecture de cet andante, suffit pour s'apercevoir, que les tournures de phrases, sont italiennes, que la prosodie y est peu respectée, que les phrases sont courtes, que, même, des tronçons de ces phrases (qui ne signifient rien) sont répétés et semblent être mis là, en avant-coureurs.

Nous n'entreprendrons pas de faire l'analyse de ce morceau, nous nous bornerons à donner notre version, qui corrige un peu les prosodies, de ce genre démodé.

Nous demanderons aux barytons de couper les phrases, tel que nous les indiquons et de bien *chanter* les vocalises.

La Dame blanche, de Boïeldieu.

S'il est un opéra en faveur auprès du public, c'est bien «la Dame blanche» qui a fait les délices de nos pères et que nous aimons encore à réentendre.

Les prosodies, peut-être pas très exactes, que l'on retrouve dans cette œuvre, sont à ce point passées dans nos habitudes, que nous accepterions difficilement, la plus petite atténuation apportée dans le texte; que dirait-on de quelqu'un qui voudrait corriger la prosodie de la phrase suivante:

Malgré «La Dame blan-che-e-vous regarde» on ne tolèrerait pas qu'on y touche.

Il en est de même pour la phrase, suivante dont les demi-soupirs coupent la bonne prosodie:

Que dire aussi, de ces mots ainsi accouplés, «si ce rendez-vous aujourd'hui», alors que le bon sens veut: «si ce rendez-vous, aujourd'hui est la cause de vos alarmes.»

Mais on parlait ainsi jadis, on coupait les phrases, pour y mettre une petite intention que l'on trouvait, spirituelle et que nous trouverions aujourd'hui vieux jeu.

Nos bonnes mamans, ne nous ont-elles pas bercés, avec les couplets de dame Marguerite, que nous trouverions aujourd'hui prosodiés, comme de l'operette, mais auxquels nous ne touchons pas. Les voici d'ailleurs:

Nous ne pouvons omettre de mentionner, une faute de prosodie, qu'on rencontre assez souvent, (nous ne savons comment qualifier celle-ci); est-ce suspension d'idée, qu'il faut dire?

En tout cas, la faute consiste, à couper en plusieurs tronçons, une phrase qui, pour être comprise, doit être dite d'un seul jet. La faute s'aggrave quand ces tronçons, au lieu d'être séparés, par une simple respiration, sont séparés, par plusieurs mesures ou un motif d'orchestre.

Nous devons donner, de ce cas, plusieurs exemples pour bien expliquer notre pensée.

Premier exemple:

Le Chalet, d'A. Adam.

Air de Max (basse chantante):

Les vers disent très clairement

A l'étranger, un pacte impie
Vendait mon sang et ma foi.

Mais ils cessent d'être clairs, quand le compositeur, les mettant en musique, dit:

A l'étranger, un pacte impie

et la phrase d'orchestre arrive «si—si—do, si, la, fa, ré»

Vendait mon sang et ma foi.

Nous disons, que nous ne comprenons pas ce motif d'orchestre, qui vient couper une phrase, par un motif, et qui pourrait faire croire à un changement subit de l'idée.

Deuxième exemple:

L'Africaine, de Meyerbeer.

Récits du 4e acte, rôle de Sélika (soprano dramatique):

Loin de nous la pensée, de faire une méchante allusion, même légère, à la musique de ces récits, qui sont pleins de majesté et d'un bon style, mais, nous devons faire remarquer que, tels qu'ils sont écrits en musique, ces récits ne disent pas ce qu'ils veulent dire.

Le sens de ces récits, le voici:

«Votre Reine, qui fut esclave dans un pays lointain, vit ses jours et son honneur sauvés par cet homme.»

Or, que dit, et comment interprète Meyerbeer?

Oui, votre Reine

puis l'orchestre: do—la—si—do

Esclave à la rive lointaine.

Ce qui fait que cette phrase, n'a plus le lien qu'elle devrait avoir, avec le premier vers.

«Esclave à la rive lointaine» a plutôt l'air d'un appel, comme si la phrase disait. «Esclaves, obéissez», ce qui n'est pas la même chose, et la faute en est au motif d'orchestre, qui vient suspendre l'idée.

Il ne faut pas toujours, rendre responsables de pareilles fautes, les pauvres artistes. Ceux-ci sont, il est vrai, fabriqués aujourd'hui en serre chaude et ne sont très souvent qu'imparfaitement élevés pour chanter et interpréter des rôles. Mais interpréter la phrase musicale précédente et lui donner son vrai sens, alors qu'elle est prosodiée, comme l'a écrite Meyerbeer, n'est pas facile.

Troisième exemple:

La Juive d'Halévy.

Duo entre Eléazard (fort ténor) et Brogni (basse), 4e acte.
Phrase de Brogni:

Cet exemple n'a pas une coupe, qui donne le vrai sens de la phrase,

Sa vie est dans tes mains

motif d'orchestre,

Aux flammes du bûcher

autre motif d'orchestre, puis,

En abjurant ta foi
Toi seul peux l'arracher.

Que veulent, dire ces vers ainsi isolés?

On pourrait encore admettre le premier, «Sa vie est dans tes mains»; celui-ci, veut dire quelque chose par lui-même. Mais l'autre? Que signifie «aux flammes du bûcher», pris isolément? Y a-t-il un sens? Non.

Il faut, pour qu'on le comprenne, que ce vers, soit soudé aux deux vers suivants:

Aux flammes du bûcher,
En abjurant ta foi
Toi seul peux l'arracher.

La phrase, nous le savons, est longue ainsi, trop longue peut-être; la faute en est alors au parolier.

Nous reprocherions à ceux-ci, de faire trop attendre les solutions de phrases dans les opéras, et surtout dans le style ancien, où le compositeur construisait sa phrase avec deux vers.

Dans le cas présent, on pourrait écrire:

Aux flammes du bûcher
Toi seul peux l'arracher.

quitte à souder «en abjurant ta foi» avec d'autres vers, ce qui aurait évité au compositeur, de finir son motif, avec un abus de «toi seul peux l'arracher» répétés quatre fois.

Nous ne savions pas, si dans ce chapitre consacré aux compositeurs français et aux ouvrages écrits en français, nous devions mentionner *Lucie de Lamermoor*, de Donizetti, ou ne parler de celle-ci, seulement dans le chapitre consacré aux traductions.

Nous avons penché pour les opéras français, quoique Lucie ait été composée en langue italienne. Cet opéra a été néanmoins, complètement refait, remanié et adapté au théatre français, lors de sa nouvelle création à l'Opéra, avec Mademoiselle Nau (Lucie) et Duprez (Edgard). Nous pouvons donc en parler librement.

Malgré la refonte subie par Lucie, peu d'ouvrages, renferment autant de fautes de prosodie que celui-ci. Nous en citerons le plus possible (regrettant de ne pas les dire toutes). Essayons de donner aux chanteurs quelques conseils, que nous croyons utiles.

Nous ferons remarquer, que le premier exemple que nous donnons, de *Lucie*, a quelqu'analogie, avec les trois précédents.

Lucie de Lamermoor, de Donizetti.

Air d'Asthon (baryton), 1er acte:

Ici, le musicien ne parle pas comme le poète; en tout cas, il n'interprète pas de la même manière.

Le librettiste dit :

Ma vengeance, Edgard, va t'atteindre!
—
Cet amour qui te fait craindre,
Puisque rien ne peut l'éteindre,
Je l'écrase dans ton cœur.
—

ce qui fait deux phrases, la première, d'un seul vers, et la seconde, de trois vers.

Voici ce que le traducteur a fait dire au compositeur:

Ma vengeance, Edgard, va t'atteindre
Cet amour qui te fait craindre,
—
Puisque rien ne peut l'éteindre,
Je l'écrase dans ton cœur,

soit deux phrases de deux vers chacune.

Il n'y a pas à se méprendre sur l'interprétation que nous prêtons au musicien, car celui-ci, pour bien indiquer sa phrase musicale, a écrit une rentrée d'orchestre, la, fa — ré — do, la, sol, pour mieux préparer la nouvelle phrase musicale « Puisque rien ne peut l'éteindre.

Il y a donc confusion et interprétations différentes entre les auteurs.

Nous ne croyons pas qu'il soit nécessaire d'analyser l'exemple dont nous parlons pour démontrer des fautes qui sont trop évidentes. Le cas est aussi trop délicat pour que nous nous avisions de donner notre version.

Phrase de l'air de Lucie, 1er acte:

L'air, dont nous avons extrait la phrase qui précède, n'a absolument rien de commun, avec l'air primitif; l'air italien qui était dans la partition; celui-ci a été refait complètement pour Mademoiselle Nau.

Pour éviter la faute de prosodie qui existe dans cette phrase, à cause du demi soupir qui la coupe et en change le sens, il suffit de lier ces cinq mesures avec la même respiration et, s'il faut absolument une respiration à la chanteuse, il faudra faire celle-ci après « transports », faire un crescendo et chanter piano le reste de la phrase.

De ce que nous ne donnons que cette citation de l'air de Lucie, il ne faudrait pas en conclure, que c'est la seule faute de prosodie, qu'on trouve dans ce morceau; nous croyons, au contraire, qu'il y a beaucoup à redire, mais nous n'aimons pas mentionner les exemples où il y entre des vocalises, ou des coupes par trop italiennes, qui dénaturent tout.

Air d'Edgard, 4e acte:

La mauvaise prosodie, existe à la quatrième mesure:

Bientôt l'herbe des champs croîtra
Sur „ma" — pierre isolée,

pour éviter la mauvaise impression de « *sur ma* » qui tombe sur le temps fort de la mesure, nous conseillons la version suivante:

Il y a dans le duo du premier acte, entre Lucie et Edgard, des passages où tous les temps forts sont marqués par une syllabe muette ou nulle:

Voici la phrase de Lucie:

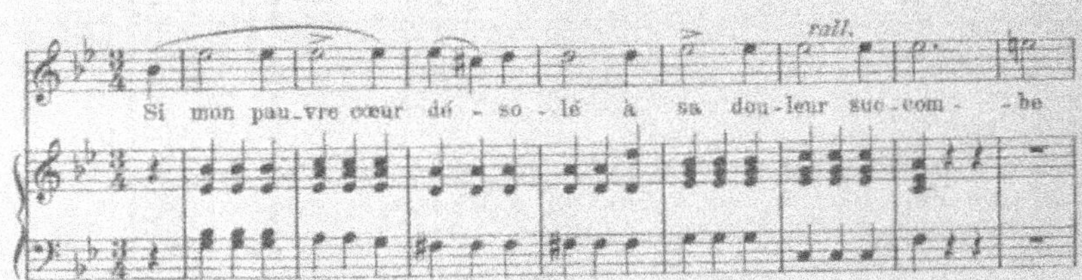

avec les prosodies: si *mon*—pau*vre*—cœur *dé*---solé à *sa*---douleur succombe.

Puis, c'est le tour d'Edgard de dire:

qui donne comme prosodie:

Et *si* — ton *a* — mant *dé* — solé
A *sa* — douleur succombe.

La phrase d'Edgard, étant la plus dangereuse, nous conseillons la version suivante:

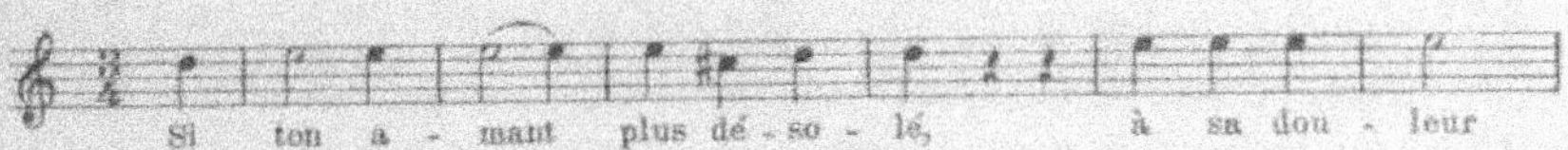

C'est par l'exemple suivant, que nous terminerons les citations sur Lucie.

Phrase d'Asthon (baryton), dans le duo du deuxième acte (Lucie et Asthon).

Dans la deuxième et dans la quatrième mesures se trouvent les prosodies suivantes:

Ton Edgard — t'a *dé* — laissée
Tu n'es plus — sa *fi* — ancée.

Nous sommes obligé, pour détruire le mauvais effet de « t'a *dé* » et de « sa *fi* » qui ne peuvent être tolérés, (sinon de toucher au rhythme du compositeur), de changer légèrement la valeur de quelques notes; nous ne faisons cela que contraint et forcé, et ne conseillons pas d'en user librement. Nous pensons cependant que, dans le cas présent les légers changements, que nous apportons, sont compensés par la clarté que cette nouvelle prosodie donne à la phrase.

Voici la version conseillée par nous:

Le Voyage en Chine, de Bazin.

Nous ne savons, si nous pouvons classer cet opéra, dans la catégorie des opéras comiques, ou dans celle des opéras bouffes.

L'auteur, que nous avons connu professeur d'harmonie au Conservatoire, avait l'aspect austère, nous pensons que pour écrire cet ouvrage, il a dû faire violence à sa nature, c'est ce qui expliquerait pourquoi, la prosodie est si peu soignée, la phrase y est même sacrifiée, à un semblant d'idée musicale.

Voici les couplets que Pompery chante au 3e acte:

La première partie du couplet comprend de petites phrases d'un vers chacune, alors que la bonne prosodie veut, au contraire, que les vers marchent par deux:

Quand le soleil, sur notre monde
Parait toujours pur et brillant,

—

Sa grosse face rubiconde
Semble nous dire en s'éveillant

Et c'est ainsi que nous conseillons aux chanteurs de phraser et de couper avec des respirations.

Nous n'aimons pas non plus: «Allons, allons, enfants, du nouveau jour, du nouveau jour que Dieu nous donne»; d'abord, parce que ce n'est pas clair, quand la phrase musicale finit, alors que la phrase poétique ne l'est pas; ensuite, à cause de la répétition des mots: «du nouveau jour», qui sont soudés dans la même phrase, sans qu'un demi-soupir vienne donner de l'air, en les réparant et permette d'en accentuer l'intention.

Il va sans dire, que nous demandons un demi-soupir à cause de la répétition: «du nouveau jour», la règle veut que, chaque fois qu'on répète un mot, ou une phrase, ce soit pour donner plus de force à celle-ci, ou pour permettre une interprétation nouvelle, de ce mot ou de cette phrase.

En fait de répétitions de mots, je ne crois pas qu'il y en ait de plus malheureuse que de faire dire:

Et montrez-vous, et montrez-vous reconnaissants

si ce n'est celle du 2e couplet:

L'homme a son tour, l'homme a son tour.

Mais, si le compositeur peut invoquer, une concession faite à la phrase musicale, en est-il de même pour l'exemple qui suit:

Que veut dire:

Butor! lui dis-je, triple sot!
S'armant de son fouet aussitôt.

Pourquoi lier ces deux vers dans une même phrase musicale, alors qu'ils n'ont rien de commun entre eux?

La vraie version n'est-elle pas celle-ci:

Butor! lui dis-je, triple sot
—
S'armant de son fouet aussitôt
Il me cingle
(Ah! j'en suis ému)
Un coup — que Baptiste a reçu.

N'insistons pas davantage.

La Fille du régiment, de Donizetti.

Air de Marie. (soprano), 1er acte:

Nous soulignons les plus mauvais effets de prosodie:

Il faut partir—mes *bons*—*compa*—gnons *d'ar*—mes,
Désor—mais loin—de vous—m'en fuir
Mais, par pitié,—*cachez* moi *bien*—vos *larmes*.

Et tout le long du couplet cela continue ainsi.

Le deuxième couplet n'est pas plus heureux que le premier; on y trouve constamment des phrases prosodiées comme celle-ci:

Il faut partir, adieu! vous *que*—dès *mon*—enfance, etc.

Pour donner une version quelconque, il nous faudrait toucher à la musique et déplacer les valeurs des notes, ce que nous ne voulons pas faire: puis, on s'est familiarisé avec ces duretés et quelque soit la version nouvelle, elles semblerait plus étrange encore, que celle qui existe. Nous ne pouvons que conseiller aux chanteurs d'atténuer ces duretés.

Dans l'exemple suivant, nous pouvons donner notre version, qui ne paraîtra pas sensible à l'auditeur.

Romance de Tonio, (ténor léger), 2e acte:

Premier couplet:

Voici le léger changement que nous conseillons:

pour éviter: «pour *me*», ce dernier mot tombant sur le temps fort de la première mesure, et «pau*vre*—soldat» c'est-à-dire que les syllabes muettes sont mises sur des temps faibles.

Deuxième couplet:

Voici notre version:

Et nous éviterons ainsi: «réclamer *mon*», sur le temps fort de la troisième mesure.

Mais, où on serait téméraire de toucher, c'est à l'air suivant et, pourtant, on dirait que c'est une gageure, un parti-pris, de mettre toutes les syllabes muettes ou nulles sur des temps longs.

Nous nous contentons de citer, pour faire juge le lecteur:

Le Prophète, de Meyerbeer.

Cet ouvrage est incontestablement, la plus belle œuvre lyrique de Meyerbeer; elle est très soignée sous le rapport de la prosodie; malgré cela, nous trouvons à redire, et nous critiquerons certains passages, qui ne nous satisfont pas complètement, comme, par exemple, la scène suivante.

Scène de l'Exorcisme, 2e acte, Jean (ténor), Fidès (contralto):

La citation que nous donnons, est un des plus beaux morceaux de la partition; elle est traitée supérieurement, tant au point de vue musicale que scénique. La prosodie pourtant, est loin de nous satisfaire, nous trouvons, que les notes longues et portées, ne tombent pas sur de bonnes syllabes.

Voici d'ailleurs celles-ci:

JEAN: Eh bien que *main* - tenant—ton *œil*—vers moi se lève
Et vous qui m'*é*—coutez.

FIDÈS: Ah! Je frémis.

Si nous laissons de côté ces retards malheureux et que nous analysions la phrase, nous dirons, que celle-ci, est courte et coupée. Nous connaissons les raisons qu'on pourra alléguer: Jean est obligé de se surmonter, pour imposer sa volonté, à sa mère, qu'il chérit, il ne peut, pour cette raison, chanter des phrases longues, qui trahiraient l'émotion qu'il contient avec peine. Mais ne devrait-il pas se ressaisir dès la deuxième phrase? ou alors ne risque-t-il pas de faire voir son trouble?

Quelle raison invoquera-t-on, à propos du majeur qui suit? L'émotion peut-elle lui faire lier deux phrases d'un sens opposé et s'adressant à des personnages différents, comme dans celles-ci?

Si je suis ton enfant. Si je vous ai trompés.

qui font partie de la même phrase musicale, de la même mesure, et qui s'adressent, la première à la mère, (Fidès) et l'autre, (la seconde) au peuple.

Ici, l'erreur est évidente, nous ne craignons pas de le dire, lors même qu'on nous trouverait exigeant, (et nous l'avouerons l'être,) lorsqu'il s'agit d'analyser de belles pages comme celles-ci que l'on voudrait voir à tous points parfaites.

Dans l'exemple suivant, nous ne pouvons encourir le reproche de nous arrêter à peu de chose.

Berthe (soprano), dans le trio du 2e acte:

Est-il besoin d'analyser? Nous ne croyons pas; nous n'insisterons pas davantage non plus, il nous suffit de souligner et de marquer d'une croix les fautes de prosodie.

Chanson bachique, chantée par Jean, au 5e acte, dernier tableau:

En critiquant les prosodies de la chanson bachique, nous ne nous faisons aucune illusion sur les réflexions que nos réflexions vont susciter: « Eh quoi! dira-t-on, on ne peut plus être original! On ne peut donc pas choisir un rhythme, sans pour cela être accusé de faire de mauvaises prosodies? Que devient donc le compositeur?

A ceci, nous répondrons que le musicien est libre d'adopter le rhythme qui lui plaît, pourvu qu'il adapte des paroles qui ne jurent pas avec ce rhythme, et qui pourraient lui faire dire le contraire de ce qu'il veut.

Dira-t-on, par exemple, que la prosodie ici est heureuse?

> *Versez* — que *tout* — respire
> *L'i* — vresse et *le* — délire,
> Que *tout* — cède *à* — l'empire
> De *ce* — nectar brûlant,
> O, ô, *la* — *céles* — te fête, etc.

on peut avouer que ces prosodies sont défectueuses.

Si nous voulons aussi, regarder la phrase, nous serons obligé de constater qu'il faut arriver à la troisième mesure, pour avoir le mot de l'énigme, pour connaître le sens de la phrase, car, dans les deux mesures précédentes, il n'y a que des mots nuls.

Versez, que tout respire (mots nuls) l'ivresse et le délire.

la seconde fois pareillement,

Que tout cède à l'empire (mots nuls) de ce nectar brûlant.

Nous disons : mots nuls, parce que ceux-ci n'ont de valeur que suivis de leurs compléments, mais, pris isolément, ils sont nuls et peuvent être appliqués à toutes choses. C'est pourquoi aussi nous ne voyons pas pourquoi on emploie deux mesures pour ne rien dire et qu'on suspend le sens de la phrase.

Bruneau.

L'auteur du *Rêve* et de *L'Attaque du Moulin* est un jeune, mais un jeune qui cherche, qui ose, qui marche, qui va de l'avant.

Il serait à désirer, que la nouvelle génération de compositeurs, ait ces mêmes inspirations, car à eux seuls appartiendra la solution du drame lyrique.

Nous devons nous arrêter à regret dans cette dissertation.

Bruneau, comme tous les chercheurs, les travailleurs, prosodie bien et si on ne partage pas toutes ses interprétations, on ne découvre pas chez lui de fautes grossières.

Voici, du reste, quelques citations puisées dans ses ouvrages.

Le Rêve, de Bruneau.

Angélique et les voix (pour soprano léger).

En regardant bien, à peine pouvons-nous trouver à redire, à la cinquième mesure, où le mot *ton* arrive sur le temps fort, et encore pourrions-nous invoquer de bonnes raisons pour l'excuser; nous n'aurions qu'à dire que l'adjectif possessif demandait une affirmation si complète que, seul, le temps fort pouvait le lui donner.

Tout le reste est très soigné; ce qui le prouve, c'est le triolet que le compositeur a mis à la huitième mesure, qui fait tomber sur le mot *bleu*, la première croche du second temps et donne une certaine poesie à la phrase.

Le triolet de la quinzième mesure est aussi très heureux et le repos sur: *Ton âme pure* indique bien le sentiment calme et religieux du morceau, et cette correction continue tout le long du morceau, que nous aurions bien voulu citer en entier.

Nous parlerons de *L'Attaque du Moulin* qui va nous fournir l'occasion de quelques légères critiques que nous devons à nos lecteurs dans l'intérêt de la vérité.

L'Attaque du Moulin.

Air de Marceline (mezzo-soprano):

Avant de formuler nos critiques, nous avons voulu donner une citation de *L'Attaque du Moulin*, que nous ne trouvons pas au-dessous du *Rêve* sous le rapport de la prosodie.

Le morceau, bien inspiré et d'un bon sentiment, est très bien prosodié et surtout bien coupé, les phrases sont bien divisées. Aucun mot étranger ne vient en troubler l'harmonie:

> Ils dorment là-bas, sur la terre nue,
> (Dans leurs grands manteaux blancs ensevelis, comme des morts, les traits pâlis,)
> Les pauvres gens,
> La nuit venue,
> Combien d'entre eux seront pour toujours endormis?

On pourrait peut-être ergoter à propos de: «Les pauvres gens», «La nuit ve*nue*» et trouver que la longue tenue sur la dernière syllabe du dernier mot suspend et coupe l'idée qui devrait être soutenue, mais nous ne nous y arrêterons pas; nous pensons que le maître l'a senti ainsi, et a voulu cette interprétation.

Air de Merlier. (baryton):

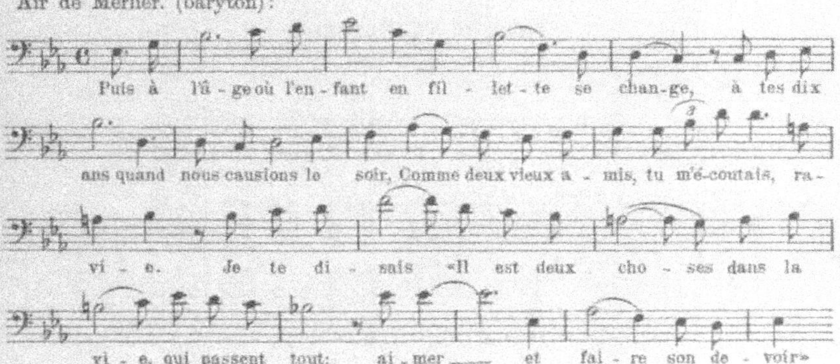

Nous avouons — que ce motif — sous le rapport de la prosodie ne nous satisfait pas. Nous n'aimons pas cette coupe, nous trouvons que c'est lourd, que c'est un abus de notes longues, qui rallentissent le sens et le sentiment de la phrase, pour cette fois-ci, nous prenons notre compositeur en défaut, nous constatons que les notes longues tombent sur des mots qui, tous, n'ont pas une signification immédiate.

Pourquoi des longues pour: «puisqu'à *l'âge* — où l'en*fant* — en fil*lette*» — pour donner moins de valeur à la conclusion, «se change» qui explique tout, mais n'arrive qu'à la cinquième mesure. De même, pourquoi une blanche pointée pour: «à tes dix *ans*?», que veut dire cette phrase ainsi jetée «à tes dix *ans*?»; même reflexion aussi à propos des: «Je te di*sais*» et «dans la *vie*».

Nous le répétons, toutes ces suspensions rendent la phrase lourde et peu claire et en rallentissent la compréhension.

Nous préférons de beaucoup la fin de l'air, que nous donnons plus bas, que nous trouvons mieux prosodiée, bien coupée, bien scénique, et d'un très bon sentiment.

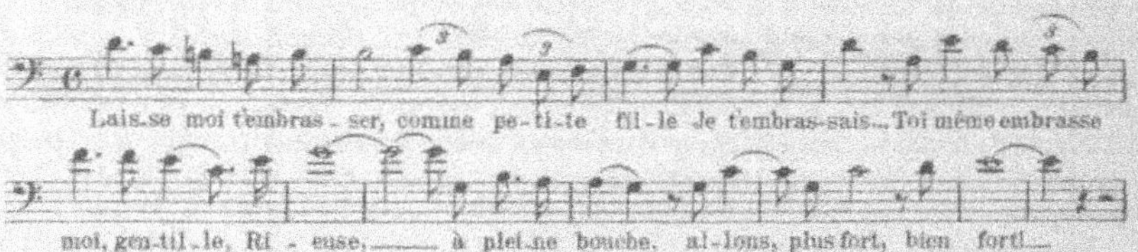

Laisse-moi t'embrasser

—

Comme petite fille je t'embrassais

—

Toi-même embrasse-moi, gentille, rieuse, etc.

Tout cela coule bien, est bien clair, et d'une grande franchise; toutes qualités maîtresses pour le théâtre; c'est pourquoi, nous avons grande confiance et bon espoir en Bruneau.

Tabarin d'E. Pessard.

Sonnet chanté par Francisquine (soprano), 1er acte:

Pessard, est avant tout un mélodiste, pardon! nous nous expliquons, nous disons que Pessard, sacrifie plutôt à la musique, qu'à la prosodie; chez lui, la phrase musicale prime la phrase littéraire. Mais, de là à en conclure que le compositeur n'est pas prosodiste il y a loin. Le musicien est un artiste épris de son rhythme, de la forme musicale avant tout. C'est presque (comment dirions-nous?) un demi-intransigeant. Nous lui sommes redevable de belles pages, c'est pourquoi nous sommes disposé à faire au compositeur de tendres avances, et lui dire que nous voudrions compter un musicien de sa valeur, dans notre bataillon, persuadé que nous sommes, de le voir bientôt dans le premier rang de notre armée.

Le sonnet que nous donnons plus haut est bien coupé, les phrases y sont régulières:

D'un pauvre clerc de la Basoche
Vous qui connaissez le tourment
Si vous n'avez le cœur de roche
Vous aurez pitié surement.

Le repos sur le mot «clerc», deuxième mesure, indique comme nous le disions que le musicien a sacrifié au rhythme, ce sont là coquetterie d'artiste et Pessard en est un.

La phrase suivante est d'un bon sentiment, elle est bien coupée, bien prosodiée et très scénique.

Trio entre Francisquine (soprano), Gauthier (ténor), Tabarin (baryton), 2e acte:

Phrase de Tabarin:

On sent que le compositeur a plus soigné sa prosodie:

Rien ne peut calmer mon tourment
Ma raison me dit qu'elle ment
Et mon cœur plaide pour elle.

La coupe est regulière et ce qui donne plus d'ampleur et plus de clarté à cette inspiration, ce sont les retards sur les mots: *calmer*, ma *raison*, mon *cœur*, qui achèvent de mettre en évidence, le sentiment vrai qui anime Tabarin et en font une phrase vécue.

Nous devons pourtant faire une restriction et dire, que nous regrettons la répétition des phrases: «Ma raison me dit qu'il ment» et «Et mon cœur plaide pour elle»; malgré les meilleures raisons qu'on pourrait invoquer, nous avouons ne pas goûter ces suspensions d'idées. Nous faisons ces réflexions, tout en constatant que l'idée est de bonne venue.

Par exemple nous n'aimons pas beaucoup l'air suivant. Nous trouvons que l'intérêt languit, la phrase est lourde et les retards tombent sur des syllabes nulles, comme «Les» fils «de l'universi*té*» «ne sont pas» «à pouss*er*». Tout cela n'est pas heureux et n'ajoute rien à l'intérêt du morceau.

Que le lecteur en juge.

Extrait de l'air de Gauthier:

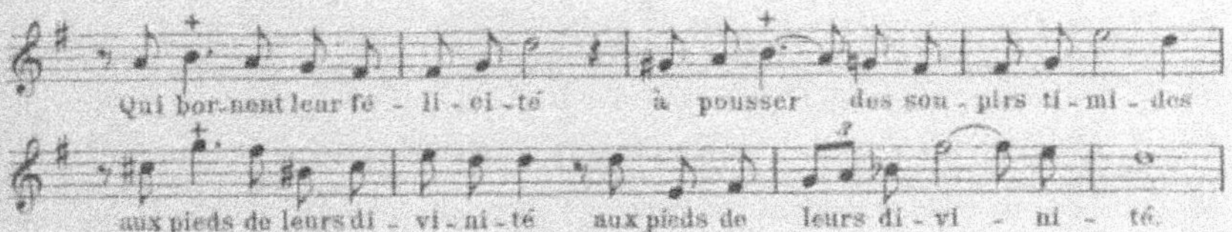

L'exemple suivant, est une phrase que nous n'aurions pas voulu, passer sous silence; elle est bien en situation et bien comprise, prosodiquement parlant.

Extrait du quintette du 1er acte.

Tabarin à Francisquine:

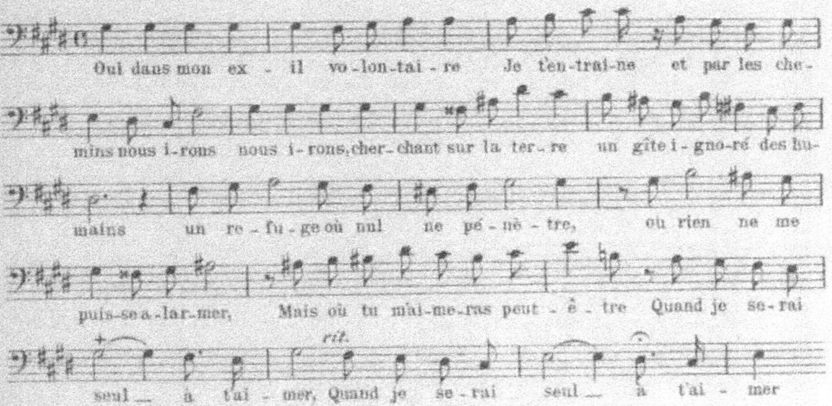

Nous aimons beaucoup ces répétitions de «*sols*» égaux, nous estimons que cela donne beaucoup de persuasion et une grande affirmation, de même que la redite de «Nous-irons», nous semble une bonne inspiration; tandis que la première fois, «nous irons» veut dire, «partons, fuyons», la seconde fois, ce tronçon de phrase avec son complément, dit bien, le sentiment scénique, et celui qui anime Tabarin; puis cette tenue sur le mot «rien», qui ordinairement ne serait pas tolérée, mais, qui dans notre cas, exprime la jalousie de Tabarin.

Ce qui prouverait, que c'est ainsi que l'a compris le compositeur, ce sont les tenues sur, «peut *être*», «*seul*», «à t'ai*mer*», «*seul*», qui indiquent la préoccupation jalouse de l'époux de Francisquine.

Nous avions raison de dire que Pessard sera des nôtres, n'est-ce pas faire acte de maître en prosodie, que de traiter ainsi, de telles phrases?

Théodore Dubois.

Le Directeur de notre Conservatoire national, de musique et de déclamation, est un excellent prosodiste, chez lui, douce est la satisfaction que l'on a, de lire ses œuvres, où tout est soigné et étudié; c'est un plaisir de délicat, que celui d'analyser sa musique lyrique où la phrase du poète et celle du compositeur, sont si intimement liées, qu'elles ne font qu'une.

Nous voudrions dire aussi tout le bien que nous pensons du musicien, qui ne le cède en rien au prosodiste, mais nous ne le pouvons, sans sortir de notre programme; demeurons-y donc enfermé, nous aurons assez à disserter, en y restant fidèle.

Xaviere, qui est le dernier ouvrage du maître, pourrait et devrait servir de modèle, aux élèves compositeurs. Nous allons n'avoir, que l'embarras du choix, pour citer, des exemples de cet ouvrage.

Voici pour commencer, l'histoire de saint François, que chante Fulcran (baryton-basse) au 1er acte:

sée y mettait ru - bis et di - a - mants, c'é - taient des cris joyeux, c'é -
taient des ai - les blanches. des traits d'or et d'a - zur qui se croisaient dans
l'air Le Saint les sa - lu - a dou - cement de la
tê - te. Eux, vers lui, s'empressaient a - vec des chants de fê - te Et
pour le voir de près sor - taient du taillis vert.
pp

Bien que la musique de ce morceau soit originale, attachante, intéressante, nous prions le lecteur de ne porter son attention, que sur la prosodie de la citation.

Il y constatera tout de suite, combien les phrases sont bien coupées, car ici l'auditeur n'a besoin de se donner aucun mal, pour comprendre le sens des choses qu'il voit; le compositeur a satisfait les intelligences, les moins bien disposées, il a tout coordonné, les mots seuls qui doivent rayonner et donner le sens vrai, sont en évidence, tout y est parfait (cet adjectif n'est pas ici mis au hasard il rend bien notre opinion et nous ne le pourrions changer, sans atténuer notre pensée); tout y est fini, soigné, combiné, mesuré, et surtout d'une compréhension facile. Le chant et la phrase musicale, pourtant, y coulent harmonieusement avec une grande clarté.

Avons-nous besoin de détailler et de prouver notre dire? Nous ne le pensons pas. Il nous suffira de citer, de copier les phrases telles que le maître les a voulues, et de marquer par une croix les mots qu'il a voulu faire ressortir.

Là-bas, bien loin du côté de Bretagne,
Saint François s'en allait à travers la campagne,
Il fit halte en des bois charmants
Où des milliers d'oiseaux voltigeaient dans les branches,
La rosée y mettait rubis et diamants,
C'étaient des cris joyeux,
C'étaient des ailes blanches,
Des traits d'or et d'azur qui se croisaient dans l'air.

—

Le Saint les salua doucement de la tête,
Eux, vers lui s'empressaient avec des chants de fête,
Et pour le voir de près sortaient du taillis vert.

Voici un exemple, qui confirmera notre dire, air de Landry (ténor):

Nous ne nous occuperons pas, de faire ressortir la coupe de phrase, mais de la prosodie des mots. Nous nous expliquons: dans les premières mesures de cette citation, il y a une noire sur une syllabe, qui ordinairement est une syllabe nulle «*était*», ici ce n'était pas le cas, le compositeur a pensé, que si celle-ci n'avait pas un temps long, le sens de la phrase aurait été confus et aurait enlevé la vraie signification des mots.

Que voudrait dire:

Son visage était ce matin?

Nous comprenons aussi, l'arrêt après, «ce matin», qu'on ne peut lier à la phrase suivante, qui nous donne ainsi, une nouvelle affirmation.

Devons-nous faire ressortir combien les mots «timide», «incertain» sont soulignés avec vérité? mais une chose qui conclura, c'est l'arrêt, qu'a fait le compositeur sur la conjonction «Et». Comme cette tenue a bien l'air d'appeler l'attention, pour nous dire «je ne pouvais finir de la voir», avec un retard sur «*finir*», comme quelqu'un qui trouve que ce mot est trop court et ne peut dépeindre l'état de son âme.

Nous ne saurions trop insister, pour dire combien la bonne prosodie, peut dépeindre le vrai sentiment et combien une tenue mise sur une syllabe, peut changer le sens de la phrase.

Le Père de *Xaviere* nous pardonnera de lui dire, que comme tous les mortels, il a péché, mais si peu, si peu et si ce n'était notre loupe; nous ne l'aurions pas vu. Disons aussi que la prosodie est une amante tellement exigeante, qu'on ne peut l'oublier une minute.

Voici le passage en question:

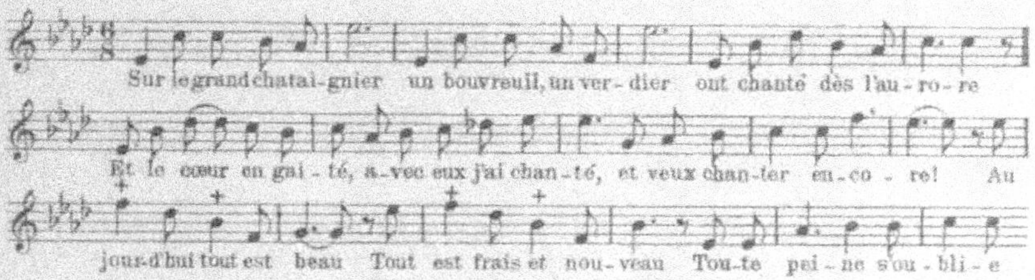

Nous n'aimons ni la coupe, ni la prosodie des mots, les phrases devraient être liées »au moins» «un bouvier, un verdier ont chanté dès l'aurore» comme la phrase suivante l'est.

La prosodie des mots: Au *jour* — d'hui *tout* — est beau —, tout *est* frais *et* — nouveau.

Cela n'est qu'accidentel et c'est pour prouver, que lorsque nous louangeons il n'y a chez nous, pas plus de parti-pris, que lorsque nous critiquons. Nous cherchons avant tout, la vérité, dans l'intérêt de notre art.

La Damnation de Faust, de Berlioz.

La *Damnation de Faust*, est assurément une des plus belles œuvres écrites du XIXe siècle, c'est l'œuvre qui a marqué l'évolution ascendante, qu'a subi et que subit encore le théâtre lyrique.

Il nous eût été agréable, de pouvoir parler de cet ouvrage et d'en dire toute notre admiration. Mais, malheureusement, nous ne le pouvons pas, nous devons rester enfermé, dans les étroites lignes tracées par nous, durant notre étude sur la prosodie.

Quelque soit la tâche qui nous incombe, nous devons dire notre appréciation, c'est pourquoi, devant ce grand artiste qu'est Berlioz, nous parlerons franchement, nous dirons ce que nous pensons de sa prosodie, nous le ferons sans arrières-pensées, sans préoccupations mesquines et hypocrites, qui, le plus souvent, cachent moins de respect pour nos maîtres, que ce que nous professons envers eux.

Un musicien qui écrit lui-même son libretto, est sûr d'être suvi à souhait, c'est ce qu'a fait Berlioz, et pourtant le maître a failli aux règles de la prosodie.

Ajoutons que les fautes que nous observons chez le musicien, ne sont pas de ces fautes banales, que l'on rencontre communément, chez les compositeurs qui ont écrit à la même époque.

Nous reprochons au maître, ses phrases hachées et ses retards, sur des mots, ou des syllabes, qu'on ne peut expliquer.

Mais, nous dira-t-on, c'est la symphonie qui continue, c'est la phrase qui suit à l'orchestre, et tant d'autres raisons, que nous trouvons toutes mauvaises, attendu: que le sens de la phrase littéraire, ne peut être suspendu, ni coupé, parce que un retard sur une syllabe, plutôt que sur une autre, peut changer le sens, et l'idée de cette même phrase.

Ceci est indéniable.

Mais commençons notre analyse.

Entrée de Faust (ténor), 1re partie:

Dans ce premier exemple de phrases coupées, Berlioz librettiste a écrit:

Des cieux la coupole infinie
Laisse pleuvoir mille feux éclatants.

Ces deux vers, formant une seule phrase, sont dits d'une seule haleine, sans retards, sans arrêts, sans virgule.

Voici comment Berlioz musicien les a traduits:

Des Cieux

Une blanche pointée, plus une mesure de silence:

La coupole infinie

Une mesure et demie à compter, puis:

Laisse pleuvoir mille feux éclatants.

Cette interprétation, on en conviendra, ne ressemble guère à la pensée du poète.

Que veulent dire ces deux mots «Des cieux» ainsi isolés?

Et «La coupole infinie» qui est séparée, des autres portions de la même phrase, par deux mesures.

Car toutes les attaches symphoniques, toutes les réponses d'orchestre, ne font pas que ces phrases, ces morceaux de phrases plutôt isolés, doivent être liés musicalement, comme ils le sont littérairement, ou alors ce n'est plus la pensée littéraire mise en musique.

Le même exemple, qui nous inspire ces réflexions, nous fournit l'occasion, de relever une faute de prosodie de mots. A la septième mesure, on y lit:

La nature est ra—fermie.

non seulement «est ra» sonne mal, mais encore il eût été préférable, de donner l'importance, au verbe «est», en lui accordant la noire du second temps, ce qui eût donné plus de force et de clarté à la phrase.

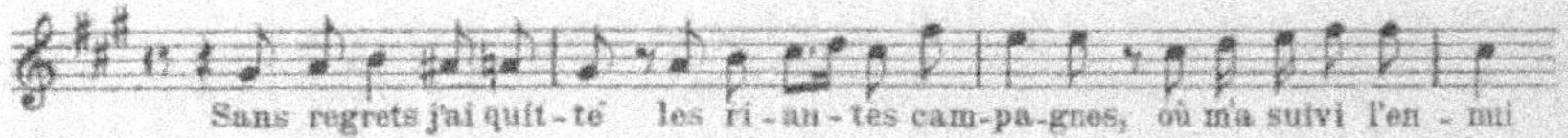

Sans regrets j'ai quitté — les riantes campagnes
Où m'a suivi l'ennui.

Prosodier ainsi n'est pas bien. Si l'auteur voulait une respiration, pourquoi ne pas placer celle-ci après: «Sans regrets» et dire d'une seule haleine: «j'ai quitté les riantes campagnes».

Il en est de même de la phrase suivante, que le musicien écrit:

Sans plaisir je revois — nos altières montagnes.

Pourquoi séparer «je revois» de «nos altières montagnes» et ne pas dire le tout d'une seule haleine; ou s'il faut absolument un repos, il faut prendre celui-ci après «Sans plaisir» et laisser le reste de la phrase, qui ne peut et ne doit pas être séparé.

Nouvel exemple, où la tendance est plus accentuée encore:

Que veut dire:

Doux chants du Ciel pourquoi dans la poussière?

La coupe de la phrase n'est-elle pas la suivante: Hélas! — doux chants du Ciel — pourquoi dans la poussière réveiller le maudit?

Les récits suivants entre Faust et Méphistophélès sont bien coupés et bien venus:

Nous aimons beaucoup cette grande phrase, dite d'un seul tenant, d'une seule envolée:

Les pieuses volées
De ces cloches d'argent
Ont charmé grandement
Tes oreilles troublées.

de même que:

Et *qui* — comme la flamme

avec le temps fort sur «qui», pour préparer la phrase suivante:

Brûle et dévore l'âme.

avec «Brûle» sur le premier temps, pour que le tout soit plus affirmatif.

Tous ces récits, nous nous plaisons à le redire, sont bien en place et disent vrai.

Chanson du Rat (Brander).

Nous n'aimons pas beaucoup ce chant, dont les prosodies ne sont pas toujours très heureuses.

1er couplet:

1er couplet:

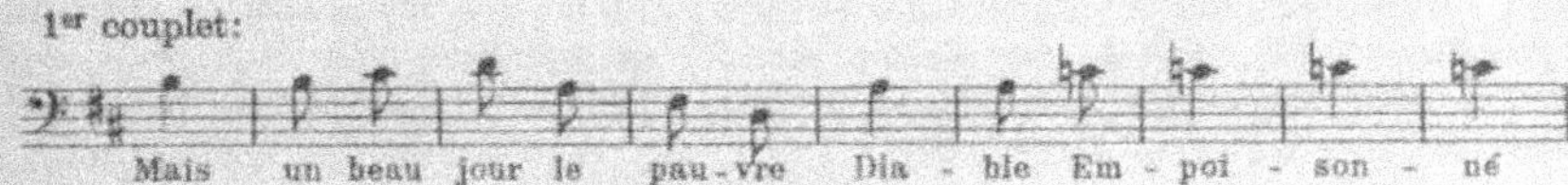

2e couplet:

Chanson de la puce (Méphistophélès).

Nous ne citerions cette chanson que pour en faire l'éloge, s'il ne s'y trouvait un exemple qu'il est bon de signaler. Ce sont deux phrases liées entre elles, et cependant étrangères l'une à l'autre.

Les voici:

Les deux phrases liées sont les suivantes:

1° Et l'histoire l'assure
2° A son tailleur un jour

qui n'ont aucune raison d'être, mariées ensemble, que celle d'alourdir et fausser l'idée et la clarté de la phrase.

Voici l'interprétation du poète, qui dit plus clair et plus vrai:

Et l'histoire l'assure —
Par son tailleur, — un jour —
Lui fit prendre mesure
Pour un habit de cour.

Ce sont toujours, les divergences qui existent entre le poète et le musicien, que nous signalons, et qui, dans le cas comme celui-ci, où les deux n'en font qu'un; ont lieu de nous surprendre doublement, si nous ajoutons à cela que cet homme est Berlioz.

Voici des roses
De cette nuit écloses,
Sur ce lit embaumé,
O mon Faust bien aimé,
Repose!
Dans un voluptueux sommeil
Où glissera sur toi plus d'un baiser vermeil,
Où des fleurs pour ta couche ouvriront leurs corolles,
Ton oreille entendra de divines paroles.
Ecoute! les esprits de la terre et de l'air
Commencent, pour ton rêve, un suave concert.

Nous ne discuterons pas sur les diverses interprétations, que l'on peut donner à cette scène, nous ne voulons retenir que les douze dernières mesures de cet air, qui nous serviront de sujet d'étude:

Nous avons souvent dit et répété que, selon qu'on appuie une syllabe, au détriment d'une autre, on peut changer le sens de la phrase; en voici un nouvel exemple:

Telle que le musicien a écrit cette partie de phrase, elle se trouve en contradiction avec celle du poète, et cela, parce que le musicien a séparé *Les esprits de la terre et de l'air* de *commencent*, etc.

Pour écrire musicalement, il faudrait la version suivante:

Ecoute les esprits de la terre et de l'air
Commencent pour ton rêve, etc.

Nous aurions alors deux phrases et deux idées, mais si l'auteur veut dire: « Ecoute! Ce sont les esprits de la terre et de l'air qui commencent pour ton rêve un suave concert », il ne faut pas seulement séparer « les esprits de la terre et de l'air » de « commencent pour ton rêve », etc., mais il faut encore éviter un retard sur « l'air » qui suspendrait et retarderait le complément, dont la phrase a besoin pour être claire.

Air de Faust.

Nous continuons à trouver les phrases musicales, plus courtes que les phrases littéraires; de plus, le compositeur n'a pas été heureux pour le choix des mots qui tombent sur les temps forts. Pourquoi donner cette importance, à « éclaire », tombant sur le temps fort de la septième mesure; pourquoi, à la neuvième mesure, faire dire: « Sanctuaire in—connu »; pourquoi donner de l'importance au mot « qui » à la dix-septième mesure et, surtout, pourquoi, dans le final, arriver avec des prosodies pareilles :

Oh! comme on sent ici — s'envoler le souci?

On avouera que ce n'est pas très heureux.

Trio:

A part quelques réserves, ce trio est bien venu et bien coupé; nous ne faisons de réserves que pour la phrase: « Ange adoré », qui est d'un style écourté.

MARGUERITE.
En son - ge je t'ai vu tel que je te re-vois Je recon-
FAUST.
En son - ge? tu m'as vu?
nais ta voix, tes traits, ton doux lan - ga - ge,
Je l'at-ten-dais
Et tu m'ai - mais? Marguerite a - do -
Ma tendresse ins - pi-rée é-tait d'a-vance à toi
ré - e! Marguerite est à moi.

Le Bravo, de Salvayre.

Le *Bravo* est une œuvre de jeunesse, nous le savons, mais c'est aussi une œuvre franche et dans laquelle le compositeur a donné la mesure de son tempérament.

Disons tout de suite que Salvayre n'est pas un fervent, un assidu, un esclave de la science de l'art prosodique; loin de nous la pensée de mettre notre compositeur au rang des indifférents, non, mais il est de ceux pour qui, la phrase musicale, l'emporte sur la phrase littéraire et auxquels les mots rayonnants, dominants des phrases résistent peu, devant leurs doublescroches.

En voici un exemple :

Quintette, phrase de Lorenzo:

Il est facile de voir tout de suite, dans la phrase que nous venons de citer, que le compositeur ne s'occupe que de la phrase musicale, les mots ne sont là que pour servir à celle-ci.

Pourquoi, par exemple, prosodier comme suit:

Cacher à tous les yeux — ta beauté, Ta beauté souveraine.

Que vient faire ce *mi* avec ses deux temps et une croche sur le mot «yeux» et pourquoi ce soupir, qui sépare «yeux» de «ta beauté» et ces deux «ta beauté» liées ensemble?

Ne valait-il pas mieux lier la phrase «cacher à tous les yeux ta beauté», respirer alors et ajouter sur un ton affirmatif «ta beauté souveraine»?

Mais voici un autre exemple:

Si dans cette romance, la prosodie n'est pas parfaite, nous devons à la vérité de dire qu'au point de vue littéraire, celle-ci laisse à désirer et vraiment, comment faire un chef-d'œuvre avec de pareilles paroles:

Image adorable et charmante
Ton doux souvenir me poursuit
Le jour, à mes regards présente
Et présente encore la nuit
En toi seule mon cœur espère *(bis)*
Comme en l'étoile tutélaire
L'esquif par l'ouragan battu
Quand je pleure, quand je t'appelle
Chère infidèle où donc es-tu?

Mais si tout cela n'est pas clair, la musique ne vient pas en dissiper l'obscurité.

Ainsi la phrase nous paraissait devoir être coupée comme suit:

En toi seule mon cœur espère
Comme en l'étoile tutélaire

oui, mais alors, pourquoi bisser le premier vers qui a l'air ainsi de former coda aux quatre premiers. Puis, que vient faire cet «esquif» séparé de «l'ouragan battu» par un quart de soupir; quelle peut être l'intention que cache ce mystère?

Il ne faut pas s'étonner après cela, que le public ne s'intéresse pas aux pièces lyriques. Ce qu'il faut, c'est comprendre et pouvoir faire comprendre. Nous avouons qu'en la circonstance, ce n'est pas le cas, ni un des cas.

Dimitri, de V. Joncières.

Le père de *Dimitri* est un érudit, un délicat, et, comme tel, il se complaît dans une bonne prosodie, où il peut savourer, avec un sens de gourmet, toutes les finesses d'impressions si diverses, que donne cet art, qui lui permet d'évoquer avec un égal bonheur, tous les sentiments vrais.

Nous sommes heureux, chaque fois qu'il nous est donné, de citer des œuvres aussi bien soignées, que l'est *Dimitri* d'ailleurs, les exemples suivants prouveront la véracité de notre dire.

Voici le Cantabile de Marina:

dim.

pp

Va-si-li, mon seul a-mour, Reviens, si tu vis en-co - re.

pp

Va-si-li ton der-nier jour Serait ma dernière au-ro - re

p

Va-si - li, tu ne m'entends pas? Plus d'autre es-poir que le tré-pas.

dim.

Fi-dèle à ce-lui que j'a-do - re, Jusqu'au tom-beau je suis ses

Ce cantabile, ou plutôt ce tableau, est une chose très bien faite, au point de vue prosodique, ces phrases coupées par des réponses d'orchestre et parfois encore, divisées par des soupirs qui la hachent, tout cela indique bien l'état d'âme de Marina et sa vraie situation dramatique.

C'est bien l'amante errante, exténuée de fatigue et de douleur que l'amour seul soutient encore.

Les mots importants et de valeur, tombent bien sur les temps forts et sont mis en évidence. Tout y est soigné et très heureusement.

La phrase «Vasili, ton dernier jour serait ma dernière aurore» est coupée par un quart de soupir, il est à remarquer que dans toute autre circonstance, ce soupir ainsi placé serait une faute de prosodie, par la raison bien simple, c'est qu'il retarderait le complément de la phrase qui doit-être achevée d'un trait. Ici au contraire, ce retard dit bien, l'angoisse de Marina, dont la voix est entrecoupée de sanglots.

Voici une autre remarque:

Fidèle à celui que j'adore.
Jusqu'au tombeau
Je suis ses pas.

Ce sera un des rares reproches que nous adresserons au compositeur; nous lui dirons:

«Nous eussions préféré que le retard ne se produisit pas sur le verbe «suivre», «je suis»; cet arrêt est bien plutôt celui qui indique et qui est consacré au verbe «être», «je suis» un temps lourd, tandisque le verbe suivre «je suis» n'a pas besoin d'une telle affirmation.

En d'autres circonstances, nous ne nous serions pas arrêté à de pareilles peccadilles, mais avec un auteur tel que Joncières, il faut prendre la loupe et éplûcher; sans cela nous ne pouvons glaner.

Nous citerons également le récit suivant de Dimitri, où les qualités maîtresses du prosodiste, s'affirment d'une manière irréfutable.

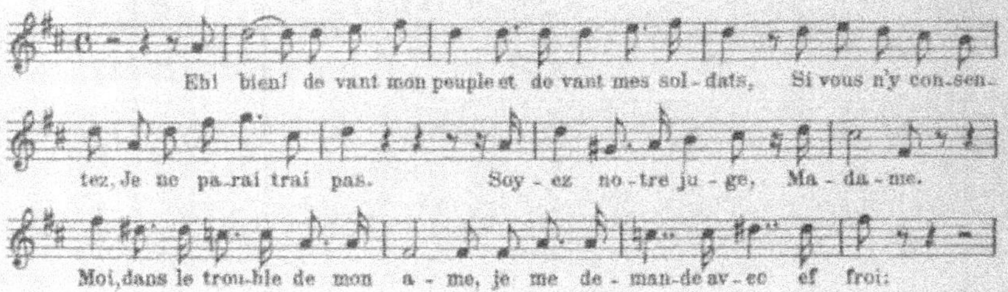

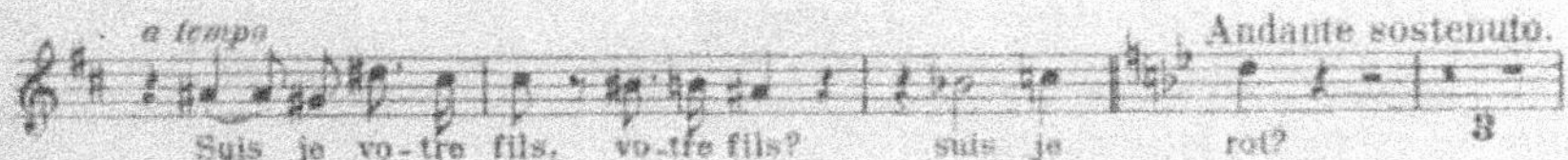

Nous laissons au lecteur le soin de détailler ce morceau, dans lequel on peut difficilement trouver à redire; pour donner un dernier exemple de Dimitri qui nous fournira quelques réflexions utiles.

On pourrait faire un reproche au compositeur, ce serait celui d'avoir voulu souligner trop de mots, et détailler de par ce fait, trop les phrases.

Ce ne sera pas nous qui nous en plaindrons; nous ferons remarquer, au contraire, que ces détails aident à la compréhension immédiate de la phrase musicale, soudée, adaptée, moulée, et ne faisant qu'une avec la phrase littéraire.

Car c'est du soin que ce demi-soupir à la cinquième mesure qui sépare « Te l'a ravi » de « ton espoir, ton enfant ».

Peut-être pourrait-on arguer que le compositeur a mis un temps long et fort sur le mot « plus » à la dixième mesure; on pourrait répondre alors, que cela est voulu, afin de marquer davantage l'affirmation de la négation.

Ce qui serait plus exact, ce serait de dire qu'à la quatorzième mesure, mettre le mot « sens » sur le temps fort et lent c'est rallentir l'idée.

Mais, en général, les phrases sont bien coupées et l'impression du sentiment est vrai. Nous sommes heureux de le constater.

Lepneveu.

Le Florentin, qui nous sert de premier champ d'étude, est, croyons-nous, le premier opéra du sympathique compositeur.

Une rapide lecture de cet ouvrage dira, tout de suite, le peu de préoccupation que la prosodie inspirait au jeune maître.

Nous sommes ici, en pleine ancienne méthode, celle qui recherchait avant tout, la mélodie et les rhythmes choisis et avait un profond dédain de la valeur des mots.

Lisons cette phrase d'Andrea:

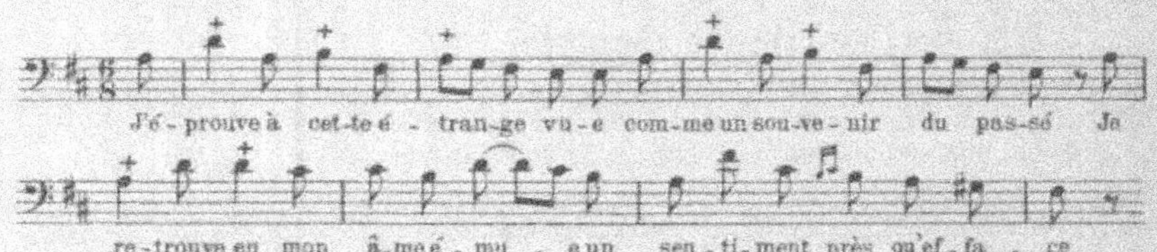

Nous constaterons que les temps forts sont constamment sur des syllabes sans importance, nulles et sonnent mal.

J'éprou—ve à cet—te étran—ge vue
Comme un —souve—nir du —passé,
Je re—trouve en—mon â—me émue
Un sen—timent—presqu'ef—facé.

Et, si comme l'effet n'était pas assez malheureux, Angelo reprend:

Le mal est aggravé, car ce ne sont plus seulement, des syllabes nulles sur des temps forts, mais de plus, les mots sont coupés par des demi-soupirs.

Voici un deuxième exemple, qui nous prouvera que cette négligence persiste tout le long de l'opéra.

Romance d'Angelo:

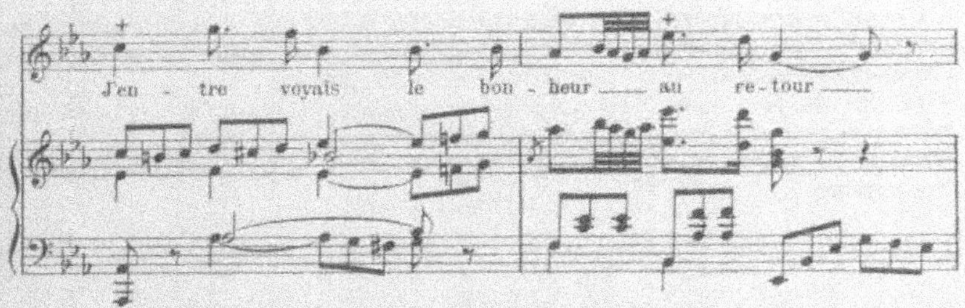

Nous n'aimons pas beaucoup le grupetto, sur le mot « plein », pas plus que le retard sur « d'es », mais ce que nous comprendrons bien moins encore, c'est la trop grande importance donnée à la syllabe « j'en » (j'entrevoyais). Qu'on nous permette la métaphore que nous allons risquer, mais cela ferait supposer qu'il s'agit d'un nom propre (Jean) et non de la première syllabe du verbe « entrevoir »; nous ajouterons que ce n'est pas discerner avec justesse la valeur des syllabes, que de prosodier ainsi, de même que de faire un grupetto, sur la dernière syllabe de « bonheur » et une longue sur « au » (au retour).

Le compositeur, ne semble pas être un fervent adepte de l'Ecole de la prosodie.
Nous le regrettons vivement, nous eussions été flatté, de compter dans les rangs un musicien de sa valeur.

Pour finir notre étude sur le maître, nous donnons un fragment de l'hymne de Weleda, qui est d'une belle facture musicale:

Indépendamment des fautes de prosodie, qui sont marquées d'une croix, pour que le lecteur puisse suivre, nous trouvons dans cet exemple, un autre enseignement; nous faisons allusion à ce que l'on peut lire à la deuxième mesure:

Jeune et forte, tu renaîtras

Ce retard sur la syllabe « naî », dans une mesure à 12/8 très lent, peut amener une surprise, et, ainsi prosodiée comme cela, impliquerait « tu renais » au présent, dans l'affirmation, et non au futur, comme l'ont voulu les poètes.

Une fois de plus, nous remarquerons que négliger la valeur des syllabes, peut amener une confusion et un changement de signification de la phrase.

Dans le cas présent, il fallait donner moins de valeur à la pénultième syllabe du verbe renaître.

DEUXIÈME PARTIE

DES TRADUCTIONS

Est-il bien nécessaire de faire des traductions?

Il faut le croire, puisqu'on en fait de si nombreuses.

Pour nous, si on nous posait une semblable question, nous serions tenté de répondre: Non!

Qu'on ne conclue pas de cela, que nous n'aimons que la musique française; il n'en est rien; nous sommes, au contraire, éclectique et goûtons la musique de tous les pays.

Nous voudrions connaître et faire connaître la musique étrangère, mais, la faire connaître, telle que les compositeurs l'ont écrite. Or, si nous nous plaçons au point de vue seul de la prosodie, il est clair que nous ne pouvons avoir, avec une traduction, qu'une idée bien imparfaite du détail, de la finesse, du fini, du faire du maître étranger.

Nous ne faisons pas ici allusion aux traductions d'il y a vingt ans et plus, alors que le compositeur ne songeait à écrire que des cabaletti, qu'on pouvait adapter sur n'importe quelles paroles.

Nous entendons parler des traductions d'aujourd'hui, faites sur des œuvres qui n'ont plus la facture italienne, mais, au contraire, de la musique large, avec de grands récits, avec l'étude de la phrase, l'étude du mot, de sa consonnance combinée avec le son musical et la valeur de la note.

Nous affirmons que nous ne pouvons juger, d'après la traduction, de toutes les beautés que peuvent renfermer les œuvres étrangères.

Mais, s'il est des maux nécessaires et qu'il faut savoir subir, du moins, est-il permis de les alléger autant que possible; aussi nous paraît-il licite d'arranger un peu les traductions, si nous voulons avoir une idée nette, du génie des compositeurs étrangers.

Il y a deux manières de traduire:

1° La traduction du mot à mot (à laquelle il faut, autant que possible, se tenir).

2° La traduction libre (celle où le traducteur, en prenant quelques libertés avec le texte original, tâche cependant de le serrer du plus près qu'il le peut.

Pour les ouvrages modernes, la première manière paraît préférable, pourvu qu'on ait soin de faire attention, à la valeur des notes, que le maître peut avoir combinée avec celle des mots; c'est le cas chez beaucoup de compositeurs et principalement chez Wagner.

Ce raisonnement, si sensé qu'il puisse paraître, n'est pas à l'abri de petites critiques. En effet, il peut arriver que le mot traduit, tout en voulant dire exactement la même chose, n'ait pas la même sonorité dans les deux langues; tels mots qui sonnent bien en italien ou en allemand peuvent paraître ternes et maigres en langue française.

Voici, du reste, deux exemples qui rendront notre démonstration plus claire.

Le premier nous sera fourni par la traduction de *Lohengrin* (allemand, traduction française); nous citerons la belle phrase d'entrée du chevalier du Cygne: « Adieu, mon Cygne aimé », qui est à peu près la traduction mot à mot de Wagner.

La voici toute entière:

La traduction a l'air mesquine, les mots y sont pointus, les syllabes sèches, aigres, assurément, si le maître de Bayreuth avait dû mettre en musique de telles paroles, il eût choisi un motif, qui eût mieux cadré avec cette poésie et surtout avec ces paroles.

Voici la phrase de Wagner:

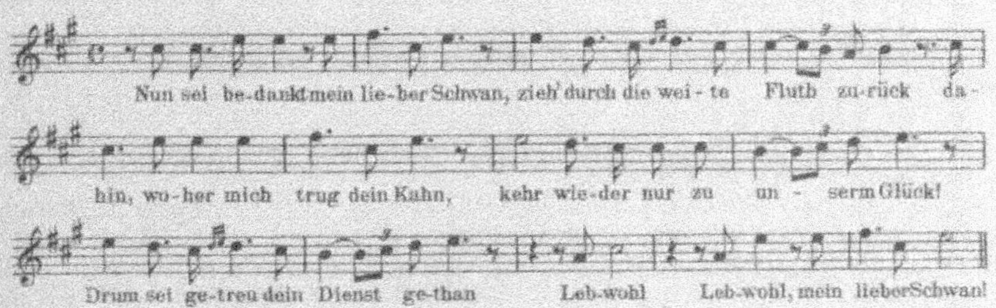

Dans la langue du maître, cette phrase a une autre allure; les mots sonnent juste avec la musique; tout y est harmonisé.

Et

Mein lieb' Schwan
(Maïne libe Chouanne)

est bien plus gracieux et moelleux que

Mon Cygne aimé

Pour remplacer les mots gras, pleins et sonores, que Wagner a choisis en allemand, nous avons, nous, des mots étriqués, pointus, aigus, comme: *Cygne, adieu, aimé*, avec des *i*, qui ont l'air d'une flèche.

Nous ne cherchons pas querelle au traducteur, qui a cru bien faire en traduisant le mot à mot (surtout pour Wagner qui y tenait), mais nous voulons par là démontrer une fois de plus l'impossibilité qu'il y a de traduire exactement et de pouvoir faire connaître les beautés et les dessous des grandes œuvres musicales.

Mais voici un second exemple qui nous montrera que, s'il n'est pas facile de traduire l'italien ou l'allemand en français, il n'est pas plus aisé de traduire le français en allemand ou en italien.

C'est chez Legouvé que nous prendrons notre citation; notre académicien, notre maître en diction et en prosodie, cite dans son bel ouvrage: *L'Art de la lecture*, les réflexions suivantes de Gounod, à propos de la traduction de son *Faust* en italien, réflexions que nous prenons la liberté de reproduire.

C'est Gounod qui parle de l'air de Faust:

Salut demeure chaste et pure

On a traduit en italien:

Dimora casta et pura

« Les mots mêmes, les mots traducteurs ne peuvent pas être plus exacts, plus fidèles, mais le son de ces mots me trahit: *Casta* est le contraire de chaste. Cet accent expansif qui éclate comme une fusée sur *Casta*, détruit tout le mystère, toute la pudeur de mon harmonie! Ce terrible *Casta* fait trop de bruit autour de la petite maison, il en trouble le repos..., tandis qu'avec mon modeste mot *chaste*, avec son *a* un peu terne, et comme (pardonnez-moi cette expression), comme ouatée par cet *s*, ce *t*, cet *e* final, j'arrive à peindre le demi-silence, la demi-ombre, qui est l'image de ce qui se passe dans l'âme de Marguerite! »

Et Legouvé nous rapporte une autre réflexion de Gounod, à propos de la traduction en italien du *Vallon*.

Dans le *Vallon* se trouvent les vers suivants:

Mais la Nature est là qui t'invite et qui t'aime

Mais laissons la parole à Gounod.

« Une cantatrice fort habile vint me chanter ce morceau, traduit en italien (*Le Vallon*), arrivée au mot *Che t'ama*, elle enlève avec force la première syllabe *T'ama*. — Ah! Madame, m'écriai-je, ce n'est pas cela, pourquoi tant de force sur cet accent. Eteignez, éteignez. Il ne s'agit pas d'une déclaration d'amour! La nature ne nous aime pas avec tant de passion! C'est une affection maternelle, continue. Voilà l'accent. »

Et le maître de *Faust* de terminer par une comparaison entre la langue italienne et la langue française:

« La langue italienne, dit-il, est un magnifique bouquet de roses, de pivoines, de crocus, de rhododendrons..., mais il y manque des héliotropes, des résédas, des violettes!... »

Ce qui veut dire, en un mot, que l'italien ne pourra jamais rendre la finesse, l'esprit, les demi-teintes de la langue française, et que l'on ne peut avoir, comme nous le disions plus haut, que des données générales sur les œuvres traduites.

Quant à la traduction libre, elle a fait son temps avec l'école des romances, des cabaletti, etc.

Avec la nouvelle école (l'école de la grande déclamation lyrique, l'école positive), il n'est plus permis de broder.

Les écoles de traduction libre nous ont donné:

Trois traductions de *Martha*;
Six — — *Don Juan;*
Trois — — *Traviata;*
Cinq — — *Freyschutz*, etc., etc.

On peut dire qu'on mettait, au hasard, des mots sous la musique et telle note qui d'abord avait été désignée pour recevoir le mot amour, se voyait choisie par d'autres pour personnifier le mot prison ou trahison.

Nous ne voulons pas insister sur le scandale que provoqueraient aujourd'hui ces traductions ultra-libres. Aussi, malgré ses imperfections, conseillons-nous la traduction du mot à mot.

Rigoletto, de **Verdi.**

Rigoletto qui est une belle œuvre de Verdi et qui est au répertoire de l'Opéra, aurait dû être assez privilégiée, pour avoir une traduction revue et corrigée.

Il n'en est rien, car sous le rapport de la prosodie, il y a beaucoup à redire dans cet ouvrage; c'est surtout parce que cet opéra se chante partout, que nous allons en donner plusieurs exemples, tout en regrettant de ne pouvoir citer tous les passages (si nombreux) où il faudrait reprendre, dans l'intérêt de la prosodie.

Phrase de Rigoletto; duo entre Gilda (soprano) et Rigoletto (baryton), 2e acte:

Que dire de:

Ah! Veille, ô femme, veille et cache?

L'expression y est tout au moins malheureuse.

Que faire?

Lier cette phrase avec «cette fleur»? mais alors que deviendra et que signifiera «pure et sans tache, cette fleur», comme les trois quarts des barytons interprètent. Mais si nous suivons ces errements, qui peuvent amener à quelques effets de voix, il faut sacrifier le sens de la phrase, qui ne peut devenir que confus.

Quant à dire les cinq mesures sans respirer:

Ah! Veille, ô femme, veille et cache
Cette fleur pure et sans tache

c'est-à-dire toute la phrase musicale, il n'y faut pas songer.

Nous avons voulu donner cette citation, avec l'accompagnement pour bien marquer le mouvement tranquille, assis, qu'indiquent les batteries espacées et qui rend plus ardue la difficulté. Nous ne voyons pas de solution, à moins d'adapter d'autres paroles qui permettent de respirer après la blanche de la troisième mesure et que le mot qui remplacera «cache», soit un mot sur lequel, on puisse demeurer le temps d'une blanche et d'une croche.

Nous passons sur bien des choses, pour donner deux changements pour les phrases suivantes.

Grand air de Rigoletto, 3ᵉ acte:

Il s'agit de faire disparaître: «Et son pè—re i—ci vous—ou— bé—nira». Voici la version que nous conseillons:

Le changement n'est pas magnifique, mais il vaut toujours mieux que la version ordinaire.

Dans l'exemple suivant, nous voulons éviter une mauvaise sonorité, à cause du *sol* et du *fa* qui se trouvent sur la syllabe *«vous»*.

Voici comment:

Duo entre Gilda et Rigoletto, 3ᵉ acte:

Phrase de Gilda:

Nous pouvons, sans paraître exigeant, trouver fâcheuses des liaisons comme celles-ci «montait—*pure* et—sincère» et «un homme s'of—frait à mes yeux».

Sans perdre de temps à disserter, nous donnerons tout de suite notre version:

Il n'était pas facile d'atténuer sans changer la musique ou les paroles, nous nous sommes hasardé à faire un petit changement à celles-ci, le cas était assez sérieux, pour qu'on nous pardonne notre liberté.

Nous allons, pour finir nos exemples sur Rigoletto, donner quelques conseils que nous croyons utiles pour chanter la quatuor final.

Phrase chantée par le Duc (ténor):

Est-il besoin de signaler les prosodies?

Un jour—bel an—ge un—jour béni
Tu m'ap—parus—si belle
Qu'en te—voyant mon cœur—ravi
Jura d'être fidèle
Et si—tu le voulais
De n'a— dorer que toi

Et Madeleine, à qui s'adresse cette déclaration, répond:

Allons, à combien d'autres filles
Ces pa—roles—gentilles.

Dans la phrase du ténor, la prosodie la plus choquante est encore «qu'en te—voyant mon cœur ravi» tant au point de vue de la suspension sur «te» que l'assemblage de mots, qui forme une phrase louche.

Voici notre version:

Voici celle conseillée pour la phrase de Madeleine:

Enfin voici une facilité pour le ténor, au lieu de chanter:

interpréter comme suit:

Le Trouvère, de Verdi.

S'il est une traduction, où il y a à reprendre, c'est bien celle du *Trouvère*. Ici, non seulement la donnée et l'intrigue de la pièce sont incompréhensibles, mais encore le traducteur a trouvé des paroles et des vers plus ou moins heureux à mettre sous la musique. Il n'est pas facile de se retrouver dans ce chaos.

En voici du reste un exemple:

Air de Manrique (ténor), 3e acte:

pour ne parler que de la prosodie des mots, c'est-à-dire du mauvais assemblage de ceux-ci.

Voici ce que cela nous donne:

O toi mon seul—espoir
Sois à—la crain—te inac—cessible
Tes yeux—par leur—pouvoir
Me rendront in—vincible
Mais si—le sort—mysté—rieux
Veut que—ma triste—vie
Dans ce—combat *devant*—tes yeux
Bientôt me soit ravie
Chère ange si la vie—devait m'être ravie.

Les fautes de prosodies sont soulignées et servent ainsi à démontrer immédiatement, que toutes les notes longues, sont sur des syllabes nulles, ce qui fait qu'il est impossible de comprendre ce que tout cet amalgame veut dire.

Nous voudrions pouvoir donner une version, qui nous permettrait de ne toucher que très peu aux paroles et moins encore à la musique; il nous faut, pour cela, laisser de côté les huit premières mesures, dont on ne peut atténuer la prosodie défectueuse, qu'en faisant des changements que nous nous sommes interdits.

Voici la prosodie que nous conseillons, pour le fin de l'air:

Nous ne pensons pas qu'il soit utile de donner d'autres exemples du *Trouvère;* cet opéra d'ailleurs tend à disparaître du repertoire, malgré toutes les beautés musicales que contient cet ouvrage.

Le Bal masqué, de Verdi.

Grand air du baryton (3e acte):

Cet opéra est peu joué en France; néanmoins, cet air de baryton est encore en honneur dans certains conservatoires de musique. Il fait surtout la joie de quelques chanteurs heureux de faire valoir leur voix.

Cette traduction, n'étant pas assurément une des meilleures, nous allons donner quelques changements que nous croyons utiles à y apporter.

Récits:

La syllabe «Tu», placée sur le fa, n'est pas bonne comme prosodie, de plus, elle peut être dangereuse pour le chanteur. Il faut éviter, en autre: «il ne—te ver—ra pas»; nous conseillons de chanter comme suit:

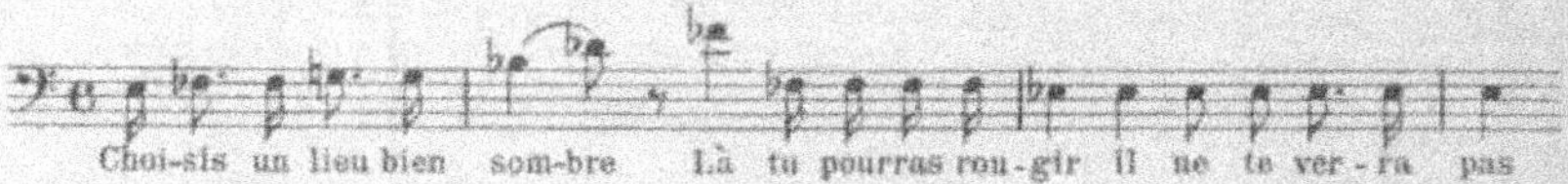

L'articulation de «*L*» dans «*Là*» est meilleure pour l'attaque du son; on peut et on doit la préparer en détachant subitement la langue du palais.

Dans l'exemple suivant, il faut éviter: «Dieu—livre *à*—ma vengeance, c'est non seulement choquant, mais encore il n'y a aucune utilité de suspendre un son sur une syllabe si nulle que celle-ci:

Voici notre version:

A cette version qui fait tomber sur le premier temps la syllabe «*li*» (qui n'est pas très heureuse), mais que nous avons préféré quand même à la première, nous eûssions choisi la suivante:

Celle-ci, non seulement nous évitait de toucher à la musique du maître, mais encore faisait tomber le mot «Dieu» sur la note longue, ce qui était très bien, attendre que ce mot veut une suspension, une évocation. Mais il y avait des raisons, pour les vers, celles-ci n'existaient plus, et nous avons pensé à la version qui nous permettait de garder les mêmes paroles aux vers du poète.

Troisième citation, (fin du récit):

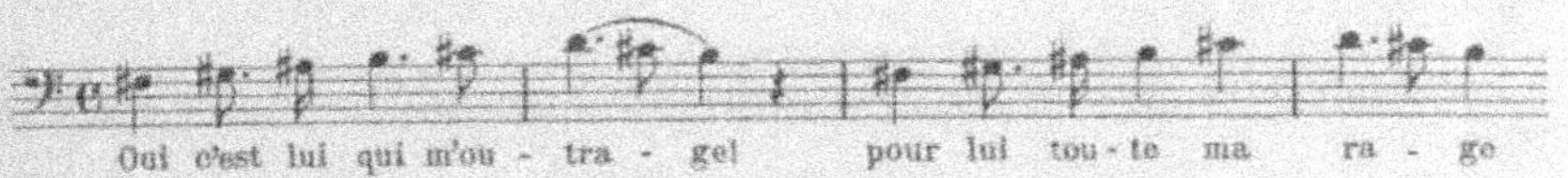

Dans cette phrase, nous ne pouvons conserver la prosodie suivante:

Oui, c'est Dieu *qui*—m'outrage
A lui—*toute*—ma rage

avec ces retards et ces temps forts sur les syllabes «*qui*» et «*te*», nous chanterons comme suit:

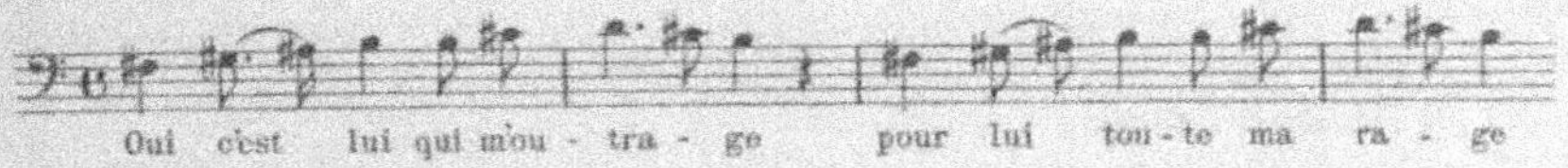

Ce retard sur «lui» a une signification; l'autre sur «*tou*» est moins bon, mais le mal est moins grand aussi, que de rester sur une syllabe muette.

Nos versions ne sont pas toutes irréprochables; nous atténuons, nous tâchons de ménager et de ne toucher que le moins possible à la musique et à la poésie des auteurs, voilà notre défense.

Aïda, de Verdi.

Aïda est incontestablement, si non la plus belle, mais tout au moins une des plus belles œuvres du Verdi.

Ce magnifique ouvrage est au répertoire de l'opéra et à celui de toutes les grandes villes. Les frais de mise en scène empêchent seuls, les petites villes de le monter.

Sa traduction quoique mieux soignée que celles des autres ouvrages du maître, offre de certaines particularités.

Il y a par exemple des phrases dont le sens diffère presque, de la pensée musicale.

En voici une de Ramfis, le grand-prêtre qui annonce la guerre prochaine:

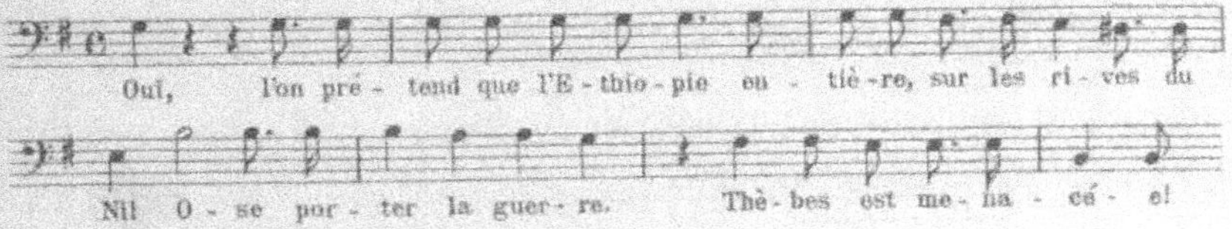

C'est incontestablement l'idée du librettiste, et celle du compositeur, mais la traduction française, avec cet assemblage de mots, dont les principaux se trouvent placés sous des notes brèves, rend la phrase confuse; ainsi on entend mieux, «entière» qu'«Ethiopie» qui est pourtant avec le mot «guerre» les deux principaux et les dominantes de la phrase. La note la plus longue de celle-ci se trouve sacrifiée à la syllabe «*O*—se» qui ne dit rien.

C'est ce qu'on peut appeler, de l'utilité de se servir des notes longues pour les mots rayonnants de la phrase.

Il en est de même de la phrase suivante.

Radamès, ayant demandé au grand-prêtre s'il a consulté les Dieux, celui-ci lui repond:

La seule noire de la deuxième mesure se trouve sur le mot «*qui*». Les notes les plus longues sont pour «chef suprême» nous n'y verrions aucun mal, mais pourquoi laisser dans l'ombre, les mots: «Isis», «nomma» et «chef» qui sont les plus importants de la phrase?

Air de Radamès (ténor), 1er acte:

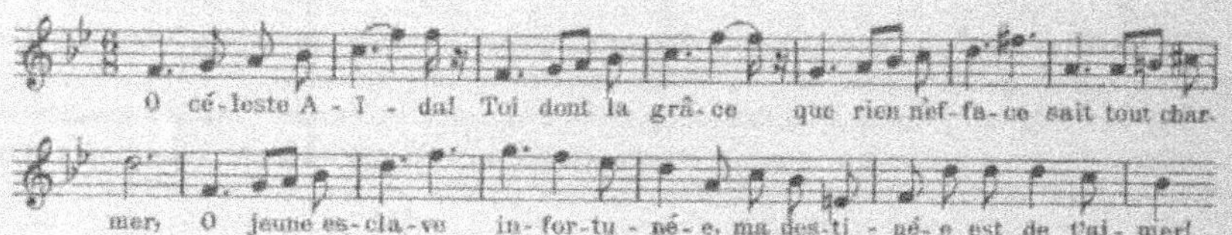

Les traducteurs ont voulu conserver le mot Aïda, aux mêmes notes que lui avait destiné Verdi, en italien; c'est là une excellente idée, mais en traduisant ainsi, nous chantons en italien, nous donnons la note forte à la penultième syllabe du mot, comme le font nos voisins qui prononcent «A—ï (long) da» tandis que nous disons en français. «Aï—da (long)» c'est ce qui prouve une fois de plus, qu'en traduisant le même mot, les consonances ne sont pas les mêmes.

Nous n'aimons pas beaucoup «O jeune esclave infortunée» nous lui préférons «à toi mon âme est enchainée» comme la seconde fois, et cela non seulement parce que la phrase nous paraît enfantine, mais parce que la prosodie est molle, à cause des noires pointées sur «es—*cla*—*ve*—*in*—fortunée.

En tout cas, ne vaudrait il pas mieux garder la syllabe «cla» sur le *ré* et le *fa*, puis lier *(ve—in)* sur le sol? pourquoi aussi donner la seule noire de l'avant-dernière mesure de notre exemple à la syllabe «de» au lieu de «est»?

Phrase de Ramfis dans l'ensemble final du 1er tableau:

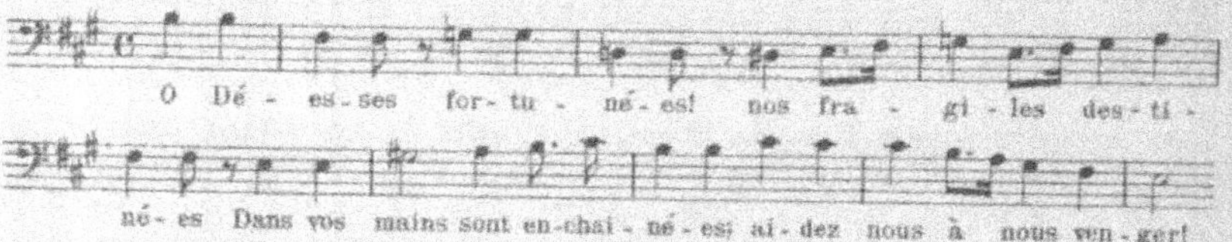

Oserait-on prétendre ici, que la coupe de la musique est la même que celle de la poésie?

Les premières mesures du compositeur sont nettement indépendantes l'une de l'autre, tandis que celles du librettiste se suivent.

On peut y remédier en disant:

O déesses fortunées (respirer)
Nos fragiles destinées
Dans vos mains sont enchaînées (respirer)
Aidez-nous à nous venger.

Air d'Aïda (soprano dramatique), 1er acte:

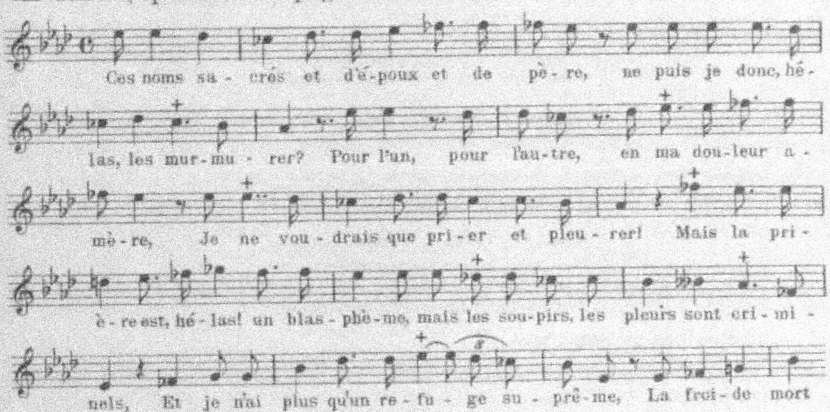

Ici, la prosodie n'est pas heureuse:

Ces noms sacrés et d'époux et de père
Ne puis-je donc, hélas! les *mur*—murer,
Pour l'un, pour l'autre—en *ma*—douleur amère
Je *ne*—voudrais que prier et pleurer.
Mais la prière est, hélas! un blasphème
Mais *les*—soupirs—sont *cri*—minels,
Et je n'ai plus qu'un *refu*—ge suprême
La *froi—de* mort.

Les prosodies—les *mur*—je *ne—mais les—sont cri*—la *froi* ne sont pas bonnes parce que la note longue se trouve sur la deuxième syllabe; il suffit, pour avoir une bonne prosodie, de mettre la note longue sur la syllabe première, et on aura ainsi: **les** murmurer — **Je** ne voudrais — **en** ma douleur — **mais** les soupirs — **sont** criminels — **la** froide mort; ce qui est vrai et juste.

Phrase d'Amonasro (baryton), final du grand ensemble, 2e acte:

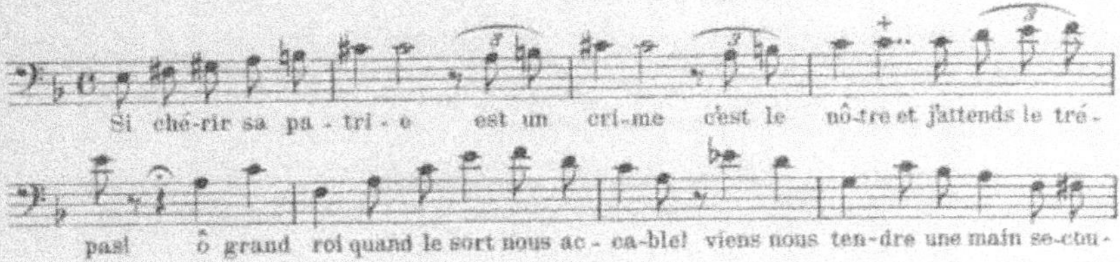

Nous n'aimons pas beaucoup ces tenues de blanches, sur des e muets, cela ne nous semble pas d'un excellent goût, de même aussi que: «c'est le nô — tre et (une noire deux fois pointées) j'attends le trépas«.

Ce qui suit ne cadre pas, les phrases ne sont pas coupées également.

Le traducteur dit:

O grand Roi, quand le sort nous accable
Viens nous tendre une main secourable
—
La fortune aujourd'hui favorable,
Peut demain vous montrer sa rigueur.

Ces mêmes vers, mis sous la musique du compositeur, disent:

O grand Roi, quand le sort nous accable
—
Viens nous tendre une main secourable,
La fortune aujourdhui favorable
—
Peut demain vous montrer sa rigueur.

Ce qui n'est pas la même chose.

Nous croyons qu'on peut chanter comme le veut le librettiste, sans pour cela nuire à la musique; nous ne pensons pas que la phrase mélodique ait à en souffrir. Il suffira pour cela de lier les deux vers avec une même respiration.

Nous ne pouvons, à notre grand regret, analyser toute la partition et faire une étude sur chaque ouvrage, cela nous entraînerait trop loin. Nous bornerons là nos citations sur *Aïda*, après ces deux derniers exemples.

Récits de Radamès, final du 2e acte:

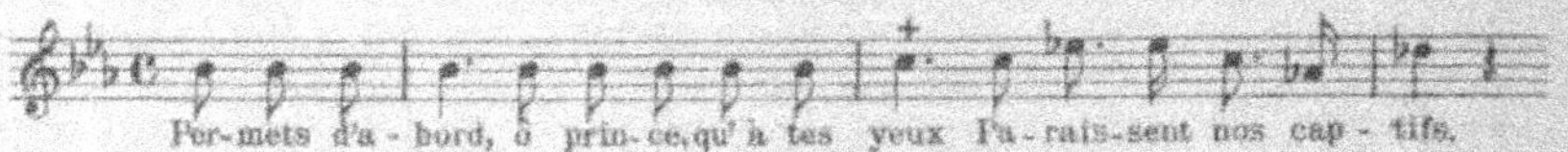

Lorsqu'on a affaire à un ténor intelligent, celui-ci peut bien atténuer l'effet de cette prosodie et lier le plus tôt possible «tes yeux» avec «paraissent», mais s'il chante, comme il nous est arrivé de l'entendre:

Permets d'abord, ô prince, qu'à tes yeux
—
Paraissent ces captifs.

le mauvais goût est évident; sans vouloir que l'on chante le tout sans respirer, on peut prosodier ainsi:

Permets d'abord, ô prince,
—
Qu'à tes yeux paraissent ces captifs.

Voici un exemple de l'abus des mots seuls, auxquels on donne une grande place:

Pourquoi cette suspension sur « tous deux » et faire ainsi attendre le complément de la phrase qui, seul, peut en faire comprendre le sens et dire l'idée.

La Traviata, de Verdi.

Cet opéra est, sans contredit, l'œuvre la plus chantée du maître, qui pourtant compte tant de chefs-d'œuvres à son avoir.

Ce succès de tous les jours, ne peut être détaillé en entier, par la raison que la plupart de ses morceaux sont tellement connus et dans la mémoire de chacun, que malgré les erreurs prosodiques, qu'ils contiennent, nous ne voudrions pas intervenir entre les admirateurs passionnés et l'analyste froid qui dissèque.

Il nous suffira de citer un exemple, pour prouver que nous eussions voulu une traduction moins malheureuse.

Couplets du père d'Orbel (baryton), 2e acte:

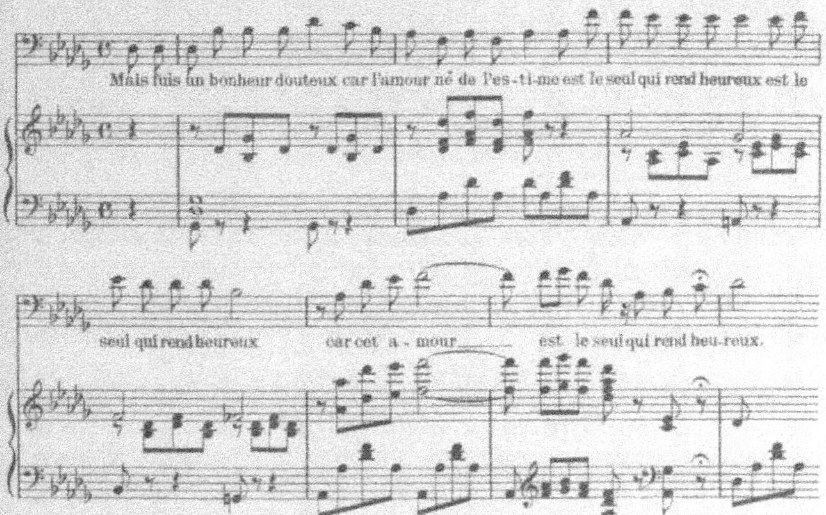

A peine a-t-on lu cette citation, qu'on s'aperçoit du désaccord qui existe entre la phrase du librettiste traducteur et celle du compositeur.

Que dit le librettiste?

Va, de ton cœur généreux
L'erreur ne fut point un crime,
—
Mais fuis un bonheur douteux,
—
Car l'amour né de l'estime
Est le seul qui rend heureux

Tandis qu'on fait dire au compositeur:

Va! De ton cœur généreux
L'amour ne fut pas un crime,
—
Mais fuis un bonheur douteux
Car l'amour né de l'estime
—
Est le seul qui rend heureux

Le traducteur a poursuivi son idée, sans s'occuper de la coupe de phrases du maître. Voilà le mal.

Pour parer à cet inconvénient, nous aurons recours à la respiration et aux phrases liées comme suit:

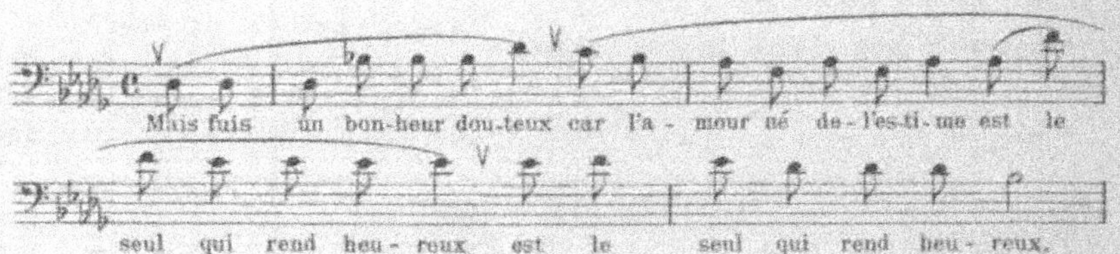

Puisque nous parlons de la *Traviata*, nous redonnerons l'exemple qui a paru dans «Le Chant et la Voix»; il s'agit du deuxième couplet de la même romance. C'est, du reste, le même cas, toujours deux phrases qui ne cadrent pas et qui ne tombent pas ensemble.

Deuxième couplet:

La coupe de phrases voulue par Verdi est celle-ci:

Ne reviendras-tu jamais
Dans cet asile de paix

—

Où s'écoula ton enfance
Pour un fugitif bonheur.

—

As-tu chassé de ton cœur, etc., etc.

Et là-dessus le poète a écrit:

Ne reviendras-tu jamais
Dans cet asile de paix
Où s'écoula ton enfance,

—

Pour un fugitif bonheur
As-tu chassé de ton cœur
Le souvenir enchanteur, etc., etc.

Ce qui revient à dire que pour les phrases du compositeur qui comprennent deux vers, le poète en a mis trois. Il s'ensuit alors que le sens de sa phrase n'est pas clair, car celles-ci, n'ayant aucune parenté, ne peuvent se marier entre elles, s'en en obscurcir l'idée.

Pour parer à cette erreur, nous conseillons la version suivante:

Il faut deux grandes respirations et un léger crescendo sur «As-tu chassé de ton cœur», le tout lié. Nous ne voyons que ce moyen.

Les chanteurs qui trouveront la deuxième respiration trop longue, pourront respirer après «Pour un fugitif bonheur», mais il faut surtout lier la phrase «As-tu chassé de ton cœur le souvenir enchanteur»; c'est absolument nécessaire.

Nous n'aimons pas beaucoup les petites notes d'agrément que l'auteur a marquées, qui peuvent avoir leurs raisons d'être dans la version italienne, mais qui jurent dans notre langue.

Hernani, de Verdi.

Que dire des traductions lorsqu'il faut analyser des opéras comme Hernani, où le poète fait dire au roi Don Carlos?

Plus de larmes, jeune fille,
Laisses-les à ta famille.

Et qu'Elevire chante:

Hernani seul m'intéresse
A lui seul toute ma tendresse.

Cet opéra, nous le savons, est peu chanté, et encore, ne l'est-il dans les théâtres de province. Le septuor seul s'exécute encore de temps en temps dans les concerts. On y trouve des phrases comme celle-ci:

Quelle intention peut-on mettre dans une phrase ainsi construite

Pardon pour tous un dernier sacrifice

dite d'une seule haleine. Pourquoi, dans une seule phrase musicale, faire invoquer deux sentiments différents?

Pardon pour tous!
Un dernier sacrifice,
Vous vous aimez!
Que l'hymen vous unisse.

Il y a dans ces deux vers quatre sentiments, quatre pensées isolées.

Niera-t-on que ces deux vers qui renferment toute la thèse qui se déroule pendant le septuor, ne puissent se dire avec une même pensée musicale?

Voici un autre exemple qui montrera avec quelle négligence. les paroliers associent des mots qui pourraient faire croire à de mauvais calembours.

Cavatine de Don Carlos (baryton), 3e acte:

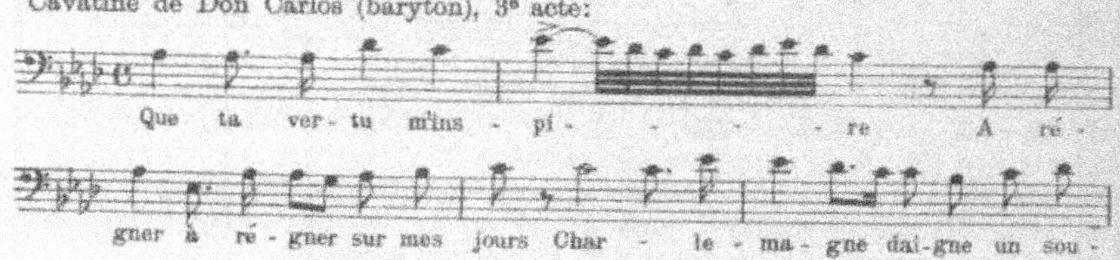

Nous faisons allusion à la liaison suivante:

Que ta vertu m'inspire
A *régner* — à *régner* — sur mes jours.

Ces deux malheureux mots font penser à: «Araignée, araignée».
Il nous suffira de changer «à» par «pour», et il n'y aura plus de double sens.

Ce n'est pas là un cas isolé, car voici un autre exemple que nous prendrons dans *Lucie*, un opéra revu et corrigé avant sa reprise à l'Opéra, et où nous lisons:

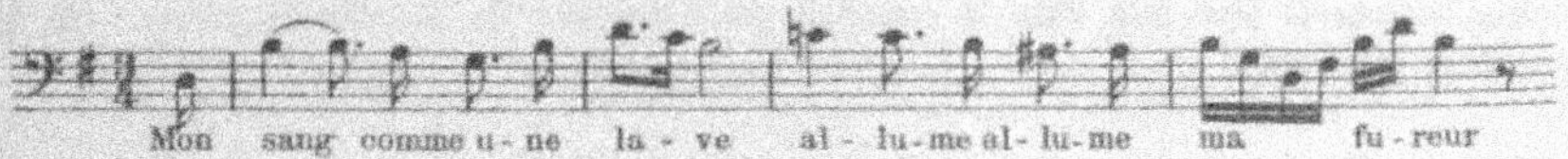

Il y a parfois, comme dans ce cas, des allusions qui portent à rire; on ne peut contester qu'ici les mots «Allume, allume» ne soient risibles.
Nous n'insisterons pas davantage et ne donnerons d'autres exemples semblables, qui pourtant, il faut l'avouer, ne manquent malheureusement pas.

Cet extrait d'une partition de Mozart que nous donnons plus bas, montrera suffisamment, nous l'espérons, combien nous avons raison de protester contre les traductions libres, qui deviendraient bientôt fantaisistes; que le lecteur en juge:

Don Juan, de **Mozart.**

Sérénade de Don Juan. (Baryton.):

On serait tenté de croire, en lisant ces prétendus vers, qu'ils sont l'œuvre de quelque plaisant.

Il n'en est rien ; l'ouvrage, imprimé, édité, se vend à Paris.

Cette nouvelle adaptation a sans doute parue très bonne, puisque ce sont les mêmes vers qui servent pour les deux couplets :

> Qu'aux sons de ma mandore
> Réponde ta douce voix,
> O beauté que j'adore,
> Tu m'enchaînes à tes lois
> Idole de mon âme,
> Daigne écouter mon désir
> Et te rendre à ma flamme
> Ou bien il me faut mourir.

Ces vers ne sont assurément guère plus mauvais que d'autres, que l'on fabrique communément pour les opéras, mais ils ont cela de particulier, que peu semblent moins faits pour être mis sous la musique pour laquelle ils ont été fabriqués. Et le cas n'est pas isolé.

Freyschütz, de Weber.

Voici quelques exemples de la traduction adoptée au théâtre lyrique; on sait que cet opéra fut superbement monté par M. Carvalho, qui avait su grouper des artistes comme Mmes Carvalho, Daram, MM. Michot et Troy, etc.

Nous sommes obligé de constater que la prosodie laisse beaucoup à désirer, nous eussions voulu faire nombre de citations de ce chef-d'œuvre de Weber; nous nous promettons de faire le travail le jour où on aura accepté une traduction unique pour toute la France.

Dans la traduction du Freyschütz qui nous occupe, on trouve des phrases comme celle-ci:

ou bien, d'autres plus malheureuses encore, comme celle-ci, chantée par Max également,

qui est une phrase complètement coupée.

> Dieu pour lui mes larmes
> —
> Sont un jeu, pour lui mes larmes
> —
> Sont un jeu.

Il ne faut pas songer à faire n'importe quel changement; le plus petit, dérangerait la phrase musicale; il n'y a qu'un moyen d'éviter cette défectueuse prosodie, c'est de changer les paroles, en faire d'autres.

Agathe n'est pas plus heureuse que Max dans l'air qu'elle chante; on dirait que le librettiste-traducteur s'est attaché à souligner les temps forts par des syllabes absolument nulles.

Air d'Agathe.

Nous avons marqué d'une croix les prosodies malheureuses; nous regrettons ces écarts et nous dirons, comme dans l'exemple précédent : il faut d'autres vers sous cette musique.

Nous reparlerons plus longuement de ce bel air et en ferons une analyse sérieuse, dans le chapitre des airs classiques, où nous citerons deux traductions.

Martha, de Flotow.

La traduction de Martha que nous allons analyser, est celle que l'on chante le plus. (Cet ouvrage ne se donne d'ailleurs plus fréquemment, parce qu'il est court et ne forme pas spectacle; puis, parce qu'il faut cinq bons artistes réunis, puis aussi, parce qu'il est triste, et pour d'autres raisons encore. La musique pourtant est bien, plusieurs passages sont d'un bel effet.) La traduction choisie par nous est-elle la meilleure? Nous n'en savons rien et ne pouvons répondre à cette question. Si nous l'avons choisie, c'est uniquement parce qu'elle est la plus connue.

Cette adaptation sur des paroles françaises fait encore partie des traductions fantaisistes; c'est pourquoi, souvent nous ne pourrons donner notre version après les critiques que nous formulerons.

C'est le cas pour la phrase que nous donnons ci-après, qui est prise dans le duo entre Lionel et Plumkett, au 1er acte.

Phrase de Plumkett:

Que dire de ces prosodies?

Nous n'avons — *pas pu* — connaître
Son *nom jus* — *qu'à ce* — moment
Toutes fois — je l'ai vu *mettre*
A ton doigt — *ce di* — amant.

Tout cela est incompréhensible; que veut dire également la phrase suivante:

Cet anneau près de la reine

Rien. Celle-ci ne peut avoir de sens que suivie de très près, liée, soudée à la phrase suivante:

Peut, dit-il, te protéger

Tout cela n'est pas très heureux, non plus que le point d'orgue final sur la syllabe *qu'en*, qu'on s'est bien gardé d'oublier.

Nous avons donné cet exemple avec l'accompagnement pour bien prouver que l'auteur a voulu un rhythme auquel il n'est pas possible de toucher, et qui demande une adaptation expresse de la part du poète.

Phrase de Lionel (ténor), dans le premier quatuor du 2e acte (Martha, Nancy, Lionel, Plumkett.)

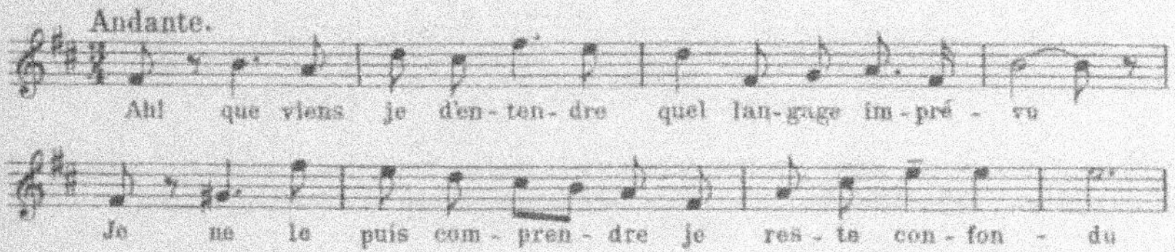

Cette phrase andante lent, que chante Lionel et qui commence le premier quatuor du 2e acte, a une importance autrement grande que celle que nous donnions précédemment; aussi, nous sommes-nous permis de donner notre version, qui n'est certainement pas sans reproche, mais qui atténue les duretés de la prosodie.

La voici:

Il fallait éviter la liaison malsonnante «d'entendre quel»; nous avons, pour cela, mis une respiration après «d'entendre», afin de séparer et éviter cette liaison qui jurait à l'oreille.

Il y a aussi une autre raison qui motiverait notre changement, une raison majeure qui veut que ces deux phrases doivent être indépendantes, l'une de l'autre si elles veulent, comme l'auteur semble l'avoir indiqué, mieux marquer la surprise et l'étonnement.

Nous avons évité aussi «langa—im—prévu», de même que «je ne» et enfin, et surtout, «je reste con—fondu» et cela tout en respectant le rhythme de la musique et les paroles de l'auteur, le plus possible.

Nous conseillons donc les respirations indiquées par nous, qui aident, croyons-nous, la compréhension et rend bien le sentiment vrai de la phrase musicale et scénique.

Phrase chantée par Martha, final du 2ᵉ acte:

Ici, il faut éviter de dire «Quand donc de» qui sonnent dur à l'oreille; il faut éviter aussi de rester sur l'*e* muet dans «cet*te*».

Voici le changement que nous conseillons:

Nous avons, il est vrai, «quand donc» mais nous avons deux notes sur «quand» et la dureté est moins grande; quant aux autres inconvénients, ils sont évités.

Voici une phrase que Lionel chante au 3ᵉ acte:

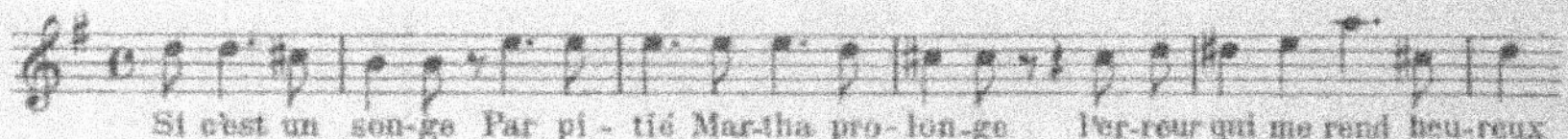

Nous devons éviter «Par pitié, Martha, prolonge» (le tout lié), qui est d'une fâcheuse construction et ne peut qu'embrouiller le sens de la phrase; nous aurons pour cela recours à la respiration qui nous sauvera de cet imbroglio, et nous écrirons comme suit:

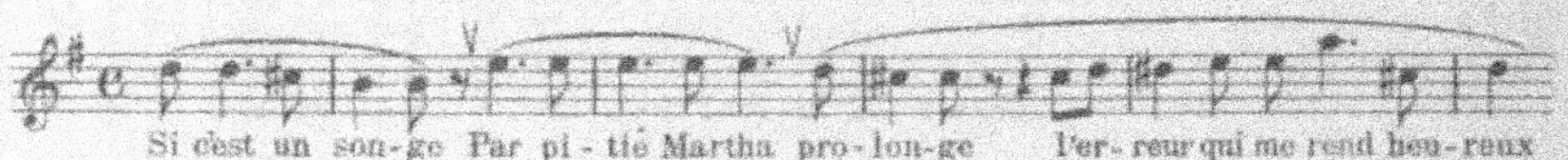

Comme dernier exemple de *Martha*, nous donnons la phrase de Lionel, ensemble du 3ᵉ acte:

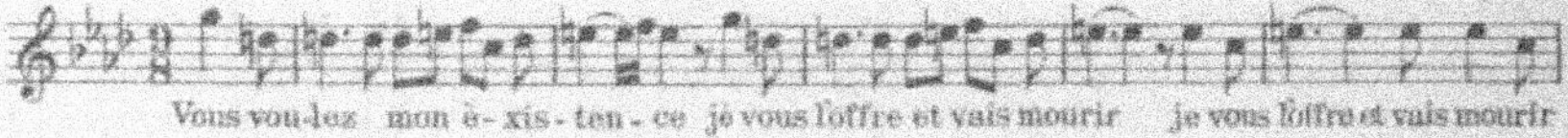

«Mon—on —ex—é—xistence» n'est pas des plus heureux, c'est pourquoi nous devons (surtout dans des situations dramatiques, comme celle-là) conseiller d'éviter ces tenues sur des notes nulles; il en est de même de «Je vous l'offre et—et», pour cela nous conseillerons de chanter comme suit:

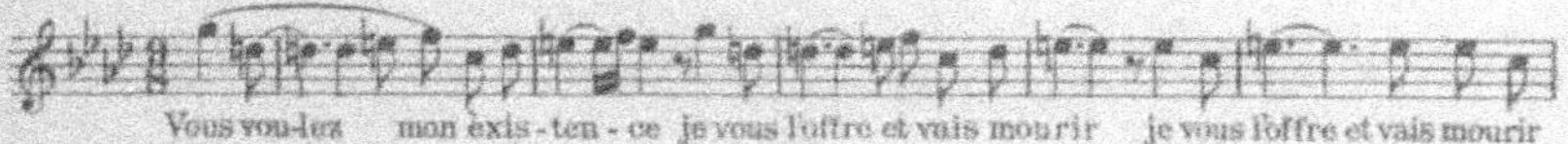

En voilà bien long, nous dira-t-on, pour un opéra qui ne se donne plus que rarement, selon notre avis, nous répondrons à cela que *Martha* nous offrait des exemples différents que nous avons cru bon de signaler à nos lecteurs, et qui peuvent être utiles et servir notre cause.

La Valkyrie, de Wagner.

Dans le chant d'amour du premier acte de la *Valkyrie*, que chante Siegmond et dont nous donnons un aperçu plus bas, nous avons peine à croire que le traducteur se soit conformé strictement à la pensée du maître, surtout en ce qui concerne la coupe des phrases.

Le traducteur écrit:

Plus d'hiver,
Déjà le printemps commence
Semant au Ciel l'or et le saphir
—
Le jeune Avril vers nous s'avance
Bercé sous l'aile du Zéphir.

Voyons maintenant ce qu'a écrit le maître et comment sont indiquées les phrases musicales.

Nous avons observé scrupuleusement toutes les indications du compositeur:

Scrupuleusement observées (comme le mérite une œuvre de cette valeur), les phrases sont de deux mesures, durant tout le premier mouvement du chant du printemps, ce qui ne cadre pas avec la phrase du traducteur poète, que nous donnons plus haut.

La musique de Wagner demanderait :

Plus d'hiver, déjà le printemps commence,
—
Semant au Ciel l'or et le saphir
—
Le jeune Avril vers nous s'avance
—
Bercé sur l'aile du Zéphir.

Cette traduction n'est pas mauvaise sous le rapport des mots malheureusement liés ensemble, non; ce sont les vers du poète qui ne tombent pas d'aplomb avec la musique du compositeur.

Nous sommes très embarrassé pour donner un conseil, car, malgré notre profession de foi, les ultra-Wagnériens, les fanatiques, ceux qui ne comprennent pas le maître, mais qui l'adorent, par la seule raison qu'il faut être aujourd'hui Wagnériens (et ceux-là sont légion), ne trouveraient-ils pas que nous profanons le Dieu, en conseillant une respiration que n'a pas marqué le maître? Naturellement, ceux-ci ne se rendent pas compte que nous n'agirions que guidé par l'unique désir de faire connaître et comprendre cette belle musique.

Est-ce blasphémer que de conseiller de dire la phrase suivante très liée et avec la même respiration?

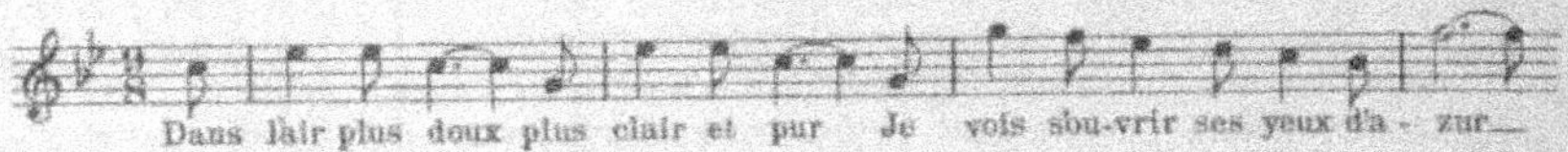

Nous pensons que si Wagner n'a pas indiqué cette version, c'est que probablement en allemand la phrase doit être coupée à cause de la prosodie, tandis qu'en français la phrase n'est claire que dite d'une seule haleine.

Nous laissons au lecteur le soin de conclure d'après nos réflexions.

Ajoutons que nous sommes partisan des phrases liées, qui ne peuvent en rien porter atteinte à la phrase musicale de Wagner.

Nous regrettons que le traducteur n'ait pas cru choisir des mots et des syllabes sensées et sonnant bien à l'oreille pour les tenues obligatoires de certaines notes dans le beau trois-quatre qui suit, avec ses réponses d'orchestre d'un effet si saisissant.

Que peut faire Siegmond, alors qu'il doit, pendant cinq temps, tenir un *ré* sur la syllabe *lu* (allume)?

ou pendant huit temps sur un *fa* et sur la syllabe *nit* (unit),

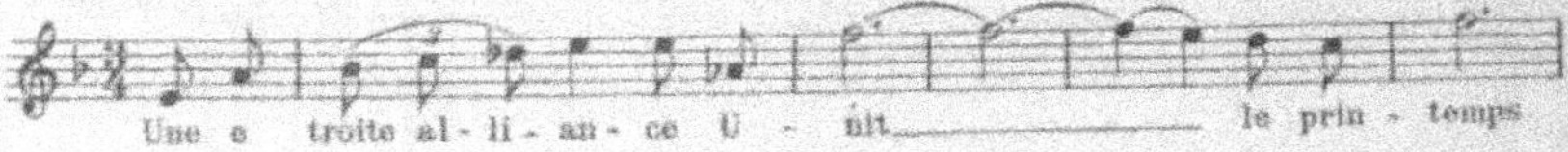

Les *ré* et les *fa*, surtout pour les ténors, ne sont pas des meilleures notes, et c'est mal servir ces chanteurs, qu'ajouter à cela des prononciations qui peuvent paralyser les sons et augmenter les difficultés.

On aurait une excuse, si les mots étaient très poétiques ou en situation, mais que vient faire une longue tenue sur «allume» dans un chant d'amour?

Sans nous montrer très rigide sur la prosodie, nous ajouterons que les réflexions inspirées par la traduction du morceau qui précède, nous sont également suggérées par la traduction de tout l'opéra *La Valkyrie*, c'est-à-dire que nous trouvons:

1° Que les phrases ne cadrent pas avec celles de Wagner;

2° Qu'il y a négligence dans le choix des mots.

Nous arrêtons là les citations sur les œuvres de Wagner.

Nous nous promettons de faire en temps opportun une étude spécialement consacrée aux opéras du maître.

Othello, de Verdi.

Cet opéra commence une série d'ouvrages nouveaux et de traductions récentes, que nous allons étudier.

La coupe moderne de la phrase exigeait de la part du poète traducteur un plus grand soin dans le choix des mots, par rapport à leur valeur, de leur sonorité et de leur exactitude comparée.

Nous ne nierons pas qu'il y ait eu progrès, mais nous sommes encore loin du but à atteindre.

Dans *Othello*, le rôle de Iago (baryton) nous semble avoir été moins heureux que les autres. Voici quelques exemples qui appuyeront notre dire:

Chanson à boire d'Iago (baryton), 1er acte:

C'est un des trois couplets de la chanson et pris au hasard.

Nous y lisons:

Le Mon—de est gris—sou—dain—quand je—me grise
Je—nar—gue et—mépri—se Dieu—et le Destin.

Et Cassio reprend:

c'est-à-dire:

Je vi—bre et chan—te, tout rit—et m'enchante—sur mon chemin.

Et les trois couplets roulent pareillement.

Nous ne pensons pas, devant ces fautes grossières, qu'il faille mettre les points sur les *i*, l'évidence est réelle. De plus, ferons-nous remarquer que «dain», «Je», «pri» «rit», qui sont des syllabes nulles, ont les temps les plus longs?

Mais voici un autre exemple:

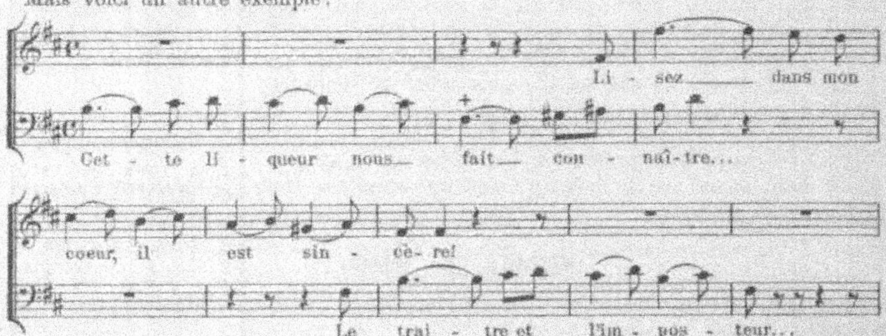

Les lecteurs remarqueront qu'en outre des mauvaises prosodies que renferment cette dernière citation, il y a encore une phrase de Iago complètement coupée par une réplique de Cassio.

Jago: Cette liqueur fait connaître

(Un soupir, un demi-soupir, une mesure, un demi-soupir, un soupir, un demi-soupir) pendant que Cassio dit:

Lisez dans mon cœur, il est sincère,

et Jago de reprendre:

Le traître et l'imposteur.

alors que ces deux tronçons de phrases devraient être liées et ne former qu'un tout.

Cette nouvelle phrase de Iago que nous donnons n'est pas assurément exempte de fautes prosodiques, quand ce ne serait (pour ne citer que la plus évidente) que la phrase «Ce divin sourire, il peut en un éclair précipiter Othello dans l'enfer» qui est coupée par un soupir après «il peut en un éclair»; mais ce ne sont là que des fautes moins dangereuses que celles contenues dans la chanson à boire.

De même que dans l'exemple suivant:

où cette tenue sur «specta—*cle ô*—Dieux!» donne à l'interprétation l'idée d'une exclamation comme si l'auteur avait voulu dire: «Ce spectacle, ô dieux!»; dans le mot «ô dieux», c'est la deuxième syllabe qui est la plus forte, et on ne peut changer cette règle qu'en détruisant le sens de la phrase.

Phrase chantée par Othello:

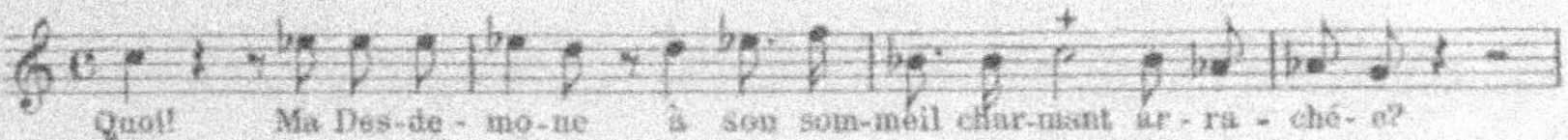

Il y a là assurément une erreur, car le poète traducteur sait très bien que le compositeur ne peut consacrer la note la plus longue de sa phrase à un qualificatif comme «charmant» et nous eussions préféré que celle-ci tombât sur le mot «sommeil» qui a une signification.

Duo entre Desdémona et Othello; Desdémona:

Nous sommes heureux de pouvoir citer cette belle inspiration musicale de Verdi et dire que cette fois le traducteur, s'inspirant du rhythme de la musique comme de la valeur des notes, a su faire très bien, sans que cela paraisse avoir gêné son sens poétique.

Nous voudrions qu'il nous soit donné de citer beaucoup et souvent de pareils exemples, ce serait pour nous tâche facile et agréable ; nous ne le pouvons malheureusement pas.

Les quelques exemples que nous avons donnés d'*Othello* de Verdi suffisent, nous pensons, à éclairer le lecteur.

Cavaleria Rusticana, de **Mascagni.**

S'il est un ouvrage heureux (sous le rapport du succès), c'est assurément celui-ci que nous avons entendu en Italie, en Autriche, en Allemagne, avant de l'entendre à Paris.

Nous avouons ingénûment que nous ne nous figurions pas une traduction comme celle-ci.

Il faut croire que ces airs absolument italiens, et de l'Italien du Sud encore, doivent être difficiles à traduire, car Paul Millet qui s'est chargé de la besogne est un maître traducteur, un heureux poète et un excellent musicien.

Mais aussi comment mettre des mots français qui sonnent et soient colorés comme cette musique chaude, rouge, brune, noire qui sent la Calabre et les Abruzzes?

Ce sentiment que nous éprouvons tout le long de la partition de *Cavaleria Rusticana*, nous le ressentons surtout dans la chanson de Lola:

O Marjolaines,
Il est au Ciel des anges par centaines,
Il est un bel homme sur la terre, etc.

La musique s'accommode mal de ces vers gris, et la dernière phrase surtout, avec ses temps forts, évidents, qui tombent sur «sur» et «terre» sont froids, glacials, plats, sous cette musique.

Il en est de même du duo de Santuzza et Turiddu, où on préférerait peut-être moins de sens dans la phrase, mais des mots ronds, gros, gras, chauds, sur lesquels on puisse mordre à pleines dents et marcher de pair avec cette phrase qui semble traîner à la remorque ces mots français.

Nous préférons la phrase suivante, non pas à cause de la qualité des mots, mais de la quantité qui permet de donner un certain élan et une certaine force à l'inspiration

Nous n'avons jusqu'ici relevé aucune faute de prosodie dans *Cavaleria Rusticana*; il ne s'en suit pas pour cela que cette traduction n'en contienne aucune, mais celles-ci, dans l'état actuel, ne sont que secondaires, cette musique endiablée emporte tout.

Terminons pourtant cette étude en relevant uno faute de prosodie, que nous prendrons dans la cinquième mesure de l'exemple suivant:

Lola, Turiddu s'aiment

que nous retrouvons à la septième mesure.

Ce ne peut être qu'un oubli chez un maître tel que Paul Millet, qui possède les qualités maîtresses du traducteur.

Paillasse, de Leoncavallo.

Nous sommes toujours contrarié. Lorsque, dans un ouvrage, nous ne pouvons y trouver à dire un mot d'éloge et prouver notre sincère désir de ne pas être désagréable de parti-pris envers les auteurs dont nous citons les œuvres.

Dans le cas présent, nous avouons être très embarrassé pour adresser quelques compliments au poète, dont l'adaptation en français de cet ouvrage italien est loin de nous satisfaire.

Nous sommes forcé de convenir qu'il a joué de malheur et que son œuvre ne sera pas placée dans la première moitié de celles qui annoncent un nouveau progrès accompli.

Ici, les idées sont banales, elles sont émises à l'aide de mots usés, qui courent partout et font partie du répertoire de tous les rimeurs. Le tout est terre à terre.

Nous regrettons de faire ces aveux, autant pour le traducteur que pour le musicien qu'est le maestro Leoncavallo, qui méritait mieux que cela.

Essayons cependant de donner une idée de ce que nous avançons.

Au premier acte, un paysan s'adressant à Paillasse, lui dit:

Paillasse, prends bien garde
Il fait la cour à Nedda.

et Paillasse de répondre:

Les phrases sont coupées

Avec moi, vrai, jouer ce jeu

puis

Serait malsain, ami, serait folie.

Voici des mots inutiles: «avec moi *vrai*» et «serait malsain, *amis*»; ensuite que veut dire:

Pour Tonio, **pour tous**

et le

Je parle **un peu**.

le sens précis et le seul que le public comprenne, n'est-il pas:

Je parle pour Tonio et pour tous?

Comment expliquer aussi ce qui suit:

Le théâtre, on l'oublie,
N'est-ce pas la vie?

dans une même phrase musicale.

Pourquoi aussi une seule note pour «To—*nio*»? Cette dernière syllabe n'est-elle pas une diphthongue, qui possède deux sons très accusés et qui ne peuvent être réunis sur une seule note.

Le chant de Nedda (la chanteuse) n'est pas plus heureux et commence ainsi:

Les yeux lançaient la flamme,

—

Ah! Si lisant dans mon âme
Il découvrait mon ardeur,

puis l'andante suivant:

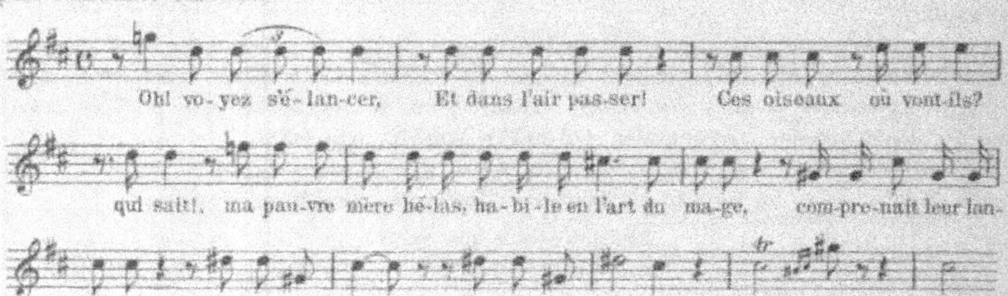

Nous croyons que voilà ce qu'on peut appeler du remplissage.

Ma pauvre mère, hélas!
Habile en l'art du mage,
Comprenait ce langage.

et cela continue sur le même ton:

Laissez voler rapides,
Vers les airs limpides,
Les oiseaux avides
D'azur et de splendeur.

Qui sait? Qui sait?
Ils poursuivent vers l'atmosphère
Quelque chimère
Au reflet trompeur,
Narguant les vents,
Riant de la tempête,
Ils franchissent les monts et les mers.
L'éclair, la foudre, etc., etc.

Tout cela est mis sous de la musique, sans beaucoup de soin et sans respect des notes longues ou des brèves.

Voici une dernière citation des mots mis au hasard.

Nedda dit à Sylvio qui lui déclare sa flamme:

Tais-toi, tentateur aimable et cruel,
Cesse de me parler ce langage du ciel.

Comme nous le disons plus haut, la prosodie n'est pas plus heureuse que l'inspiration.

Voici le dernier exemple qui nous le dira.

Phrase chantée par Arlequin à Colombine:

Nous n'insisterons pas davantage et renouvellerons nos regrets de voir des traductions modernes si négligées.

Falstaff, de Verdi.

Falstaff est assurément une des traductions les mieux faites que nous ayons depuis ces dix dernières années, qui pourtant sont en progrès sur les précédentes.

Nous pensons que sans atténuer en rien le talent de M. Paul Solanges, nous pouvons dire que la présence de son collaborateur-traducteur, Arrigo Boïto, n'a pu que contribuer à la réussite de ce travail.

En effet, Boïto est non-seulement un poète fin et délicat, c'est aussi un compositeur de talent et le premier collaborateur de Verdi pour *Falstaff*.

Falstaff offrait pourtant par sa coupe de phrases, ses situations risquées et bouffonnes, certaines difficultés où les traducteurs auraient pu tomber dans le vulgaire ou le manque de mots justes.

Il n'en est rien ici, où nous trouvons l'absence de la trivialité et un excellent choix de mots et bien en situation et de bon goût.

C'est pour nous un grand plaisir que de signaler ces heureux résultats.

On pourrait, en cherchant bien, trouver quelques sujets à critique, comme, par exemple, dans le motif suivant.

Falstaff (baryton):

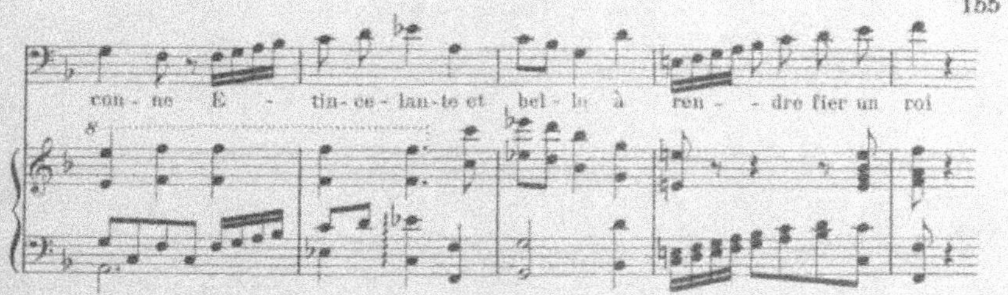

Nous pourrions objecter que les mots qui supportent les quatre doubles croches ne sont pas bien choisis, comme «*au*» front, «*Tu*» marcherais, «*en*», «*Et*», «*E*tincelante», «*rendu*»; tout cela, surtout souligné par l'orchestre qui ajoute à la lourdeur et donne par trop d'importance à ces syllabes nulles.

On peut aussi arguer que le caractère bouffon de Falstaff excuse tout et nous passons condamnation là-dessus.

Il en est de même de la phrase d'Alice Ford:

Cette phrase, avec ses notes détachées, coupe les mots en deux.

Le motif est léger et, mon Dieu! dans le cas, il n'y a pas à récriminer beaucoup.

Ce que nous aimons le moins dans l'opéra, c'est le chant de Fenton au 3e acte:

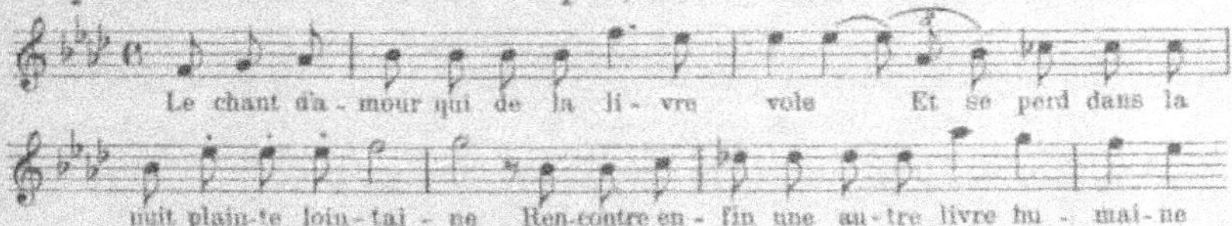

C'est le passage le moins heureux des traducteurs et nous ne leur en tiendrons nullement rigueur, trop heureux de rencontrer deux collaborateurs, que nous attendons bientôt et reverrons avec plaisir.

De l'Opérette.

Nous devons aussi parler de l'Opérette, de ce genre qui a supplanté l'ancien opéra-comique, en se présentant devant le public sous des dehors plus gais, plus légers, et surtout, peignant des situations plus ou moins risquées.

Si nous nous occupons dans cet ouvrage de ce genre leste, c'est que, croyons-nous, certaines *licences prosodiques*, monnaie courante dans l'opérette (dans laquelle les auteurs ont cherché un certain côté comique) sont à ce point entrées dans nos mœurs, dans nos habitudes, que les plus dures, les plus ridicules, passent librement à nos oreilles sans les offusquer aucunement.

La faute en est-elle bien à l'opérette?

Il nous serait facile de disserter longuement sur ce sujet et de prouver, qu'en tout cas et dans l'affirmative, on eut le tort de prendre comme modèle ce genre égrillard à qui toutes les excentricités (même prosodiques) sont, sinon permises, du moins tolérées.

Mais laissons-là ces dissertations où nous n'avons rien à glaner et contentons-nous de donner quelques exemples qui montreront combien sont élastiques les règles qui régissent la prosodie de l'opérette.

Sans puiser dans les œuvres d'Offenbach qui, lui, a fait de l'opérette extra-bouffe et de la prosodie folle

La Roi barbu
Qui s'avance bu (*bis*).
(La Belle Hélène), etc., etc.

mais voulue, afin d'exciter au rire (et qui y a réussi.)

Nous prendrons nos premières citations dans Lecoq, dont les ouvrages se rapprochent le plus de l'opéra-comique, et qui a excellé en ce genre.

C'est *Madame Angot* qui nous servira de premier champ d'étude.

Y a-t-il des couplets plus chantés, plus connus que ceux de Pomponnet, au deuxième acte?

En voici un extrait:

La tournure en est jolie, la phrase aimable, mais quelle prosodie!

Non seulement les notes fortes tombent sur des syllabes muettes et nulles, comme

> Elle est tel **le** ment, etc.
> Qu'elle ne **com**—prend presque rien.
> Elle par **le**, etc.
> De nous di **re** la vérité.

Mais la coupe de phrases en est mauvaise, puisque le compositeur fait dire:

> En République, l'ignorante
> —
> Croyait avoir la liberté
> —
> De nous dire la vérité.

Or, que veut dire: «En République, l'ignorante»?

Qu'est-ce qu'une République ignorante?

N'aurait-il pas été mieux de prosodier comme suit:

> En République,
> L'ignorante
> Croyait avoir la liberté
> De nous dire la vérité.

C'eût été plus clair.

Poursuivons. Nous voici encore en pays de connaissance avec la chanson populaire de la *Mère Angôt:*

Ainsi prosodiée, nous avouons ne pas bien en saisir le sens.

La phrase musicale indiquerait pourtant que c'était pour cent mille raisons qu'elle était marchande de marée.

Mais ne pourrait-on pas aussi admettre l'interprétation suivante et dire:

> Marchande de marée,
> —
> Pour cent mille raisons
> Elle était adorée
> A la halle aux poissons.

Voici le dernier couplet de cette chanson:

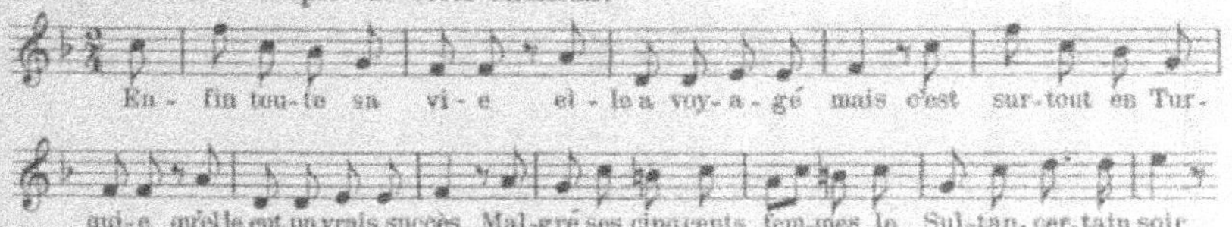

Que dire de celui-ci avec cette prosodie voulue, que nous retrouverons souvent dans les opérettes, et qui donne une note drôle:

Enfin toute sa vie
Elle a voyagé, **mais**

Il ne faut pas chercher ce que veut dire: «Elle a voyagé Mais» pas plus que «Le Sultan certain soir» qui pourrait faire penser à un sultan d'occasion, de passage et pas sérieux du tout.

Couplets de Clairette, 1er acte:

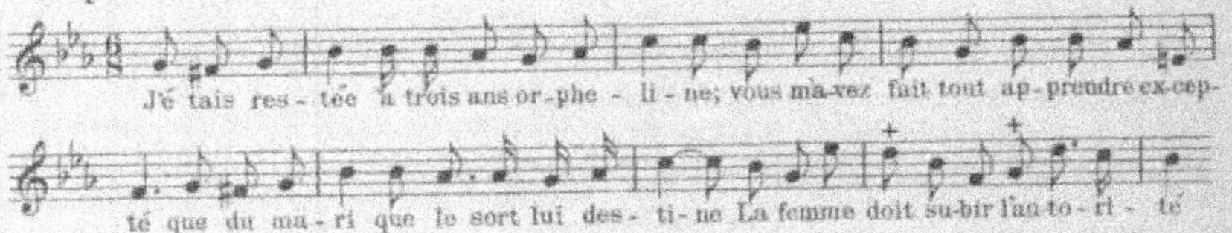

Sans nous arrêter à «La femme doit subir l'*au*torité», constatons que nous retrouvons ici une prosodie parente de l'exemple que nous venons de citer des couplets de la *Mère Angot;* voici:

Vous m'avez fait tout apprendre, **excepté.**

Excepté, est-ce un livre, une science? et cette récidive pourrait nous faire supposer que le compositeur l'a voulu et que c'est peut-être une nécessité pour l'opérette que de prosodier ainsi:

Donnons pour finir la chanson politique chantée par Clairette:

Celle-ci n'est pas plus mal prosodiée que certains morceaux d'opéras sérieux et si nous l'avons citée, c'est afin de faire remarquer au lecteur, que le plus souvent en opérette, on adopte un rhythme sur lequel on met des paroles, sans s'inquiéter si les mots tombent juste ou faux.

Voici d'ailleurs la prosodie de la chanson:

Jadis, les rois, **race** — proscrite,
Enri — chissaient leurs **par** — tisans,
Ils a — vaient *main* — tes *fa* — vorites,
Cent **flat** — teurs, **mil** — le *cour* — tisans, etc.

Pour le deuxième couplet:

Pour *é* — puiser la *Fran* — ce entière,
Les rois avaient des *fi* — nanciers,
Et *Bar* — ras *a* — La *ri* — vandière,
Qui *pay* — e tous ses *cré* — anciers, etc.

A part quelques exagérations que nous croyons voulues, la plupart des fautes prosodiques que nous relevons dans cette opérette, nous les avons signalées dans certains ouvrages sérieux. Ce n'est donc pas Lecoq qui peut être accusé d'avoir faussé le goût du public; il a continué les vieux errements, voilà tout.

Audran.

Audran ne prosodie pas mal non plus, quoique plus préoccupé que l'auteur de *La Petite Mariée*, à rechercher la note comique.

Citons quelques exemples de l'auteur de la *Mascotte:*

Couplets de Pipo, Mascotte. 1er acte.

(Nous passons les premiers vers du premier couplet, où pourtant il y a des prosodies comme celle-ci:

Un jour, le **Diable I** — vre d'orgueil (Diable i).

pour citer cet exemple:

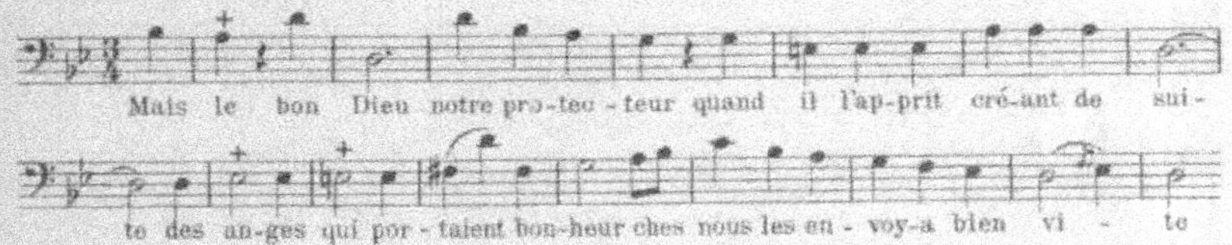

Nous disions plus haut que dans l'opérette, il faut tout sacrifier au rhythme, la prosodie, le sens de la phrase.

En voici un nouvel exemple, la sixième, septième et huitième mesures, qui forment une phrase musicale, renferment la fin d'une phrase «Quand il l'apprit» et le commencement d'une autre «Créant de suite».

La prosodie aurait voulu:

Mais le bon Dieu, quand il l'apprit,

—

Créant de suite des anges qui portaient bonheur,

Nous retrouvons la même phrase au 2e couplet:

Ici les demandes et les réponses font partie des mêmes phrases musicales.

Est-ce un malade? Il est guéri.

—

Un pauvre? de suite, il fait fortune.

Ce peu de scrupules pour la prosodie explique la minauderie des interprètes qui doivent, à l'aide de la mimique souligner les diverses intentions que l'auteur a oublié de couper musicalement.

Nous ne cherchons pas à reprendre partout de simples fautes de prosodie, car nous pourrions en citer de pareilles à la suivante:

où toutes les syllabes nulles ou muettes, tombent sur des temps forts.

Nous préférons l'exemple suivant où la note comique est bien accusée et où la prosodie voulue ajoute au comique:

Ces mots coupés, ces phrases coupées, tout cela déconcerte, et cette légèreté devient comique, mais c'est surtout le final suivant avec ces retards sur des mots nuls qui est drôle:

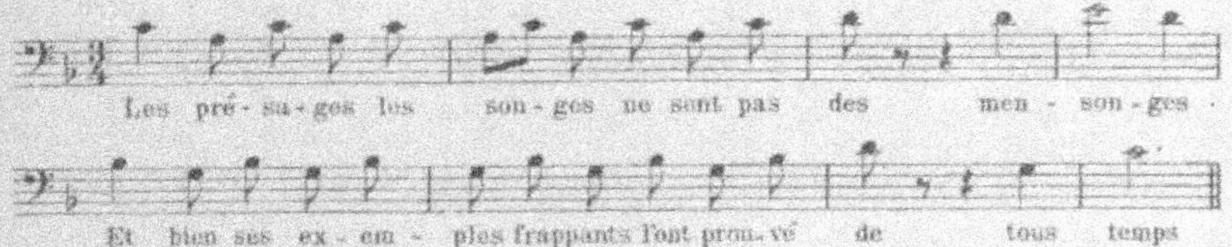

Les présages, les songes ne sont pas **des** — mensonges,
Et bien des exemples frappants l'ont prouvé **de** — tout temps.

Tout cela est joli et amusant et nous ne trouverons pas à redire. Mais où nous nous montrerons plus sévère et où nous trouverons une tendance malsaine de l'opérette et très dangereuse à cause de sa prétention sérieuse, c'est dans l'exemple suivant:

Nous ne pouvons croire que le musicien ait été inspiré par les vers.

La phrase musicale est longue, creuse et sympathique, comme l'exige ce genre, et ne cadre pas sérieusement avec celle du poète:

Un baiser, c'est bien douce chose.

On s'attend, comme l'indique la phrase musicale, à une suite d'idées et au lieu de cela, nous n'avons que des phrases courtes, décousues sur la phrase musicale qui s'allonge.

Tu le sais sur tes lèvres roses
C'est avec ça que les mamans
Consolent les petits enfants,

Voilà de la vraie tendance fâcheuse que celle qui consiste à se servir de phrases musicales qu'on adapte sur les vers d'un poète, sans préoccupation de la vérité du sentiment, et bien entendu sans le moindre souci de la prosodie.

Combien nous préférons à ces motifs gonflés, les couplets sans prétention qui se donnent avec toutes les exagérations de leurs défauts, mais en bons enfants, comme le suivant.

Couplets du capitaine:

Nous comprenons qu'il faille de cette musique et de cette prosodie pour dire des choses si peu sérieuses; d'autre part, nous pouvons déplorer le mauvais goût du public qui préfère cette musique, mais nous avouons qu'étant donné qu'il en faut, le faire sérieusement serait prétentieux.

Nous pardonnons moins facilement l'exemple suivant:

Nous n'admettons sous aucun prétexte la demande et la réponse dans la même phrase musicale, et nous crierons: Haro! sur l'opérette, si elle doit acclimater de telles erreurs.

Couplets de Fiametta:

Voici encore des couplets d'opérette; ceux-ci sont prosodiés à la manière comique, il est évident que si on en retranche les prosodies: «Ah! qu'il est beau! — l'homme — des champs — sous le soleil — quand il chemine», etc., etc., qui sont soulignées par l'accompagnement, il ne reste pas beaucoup de ce morceau de musique. Et nous redirons que nous passons volontiers et nous admettrons, si on le veut, ces prosodies fausses, voulues et nécessaires, lorsque les morceaux sont franchement de l'opérette comique, mais non lorsque la musique prétend être sérieuse, car alors il y a douze.

Nous pourrions multiplier les exemples, nous retrouverions toujours les mêmes fautes, d'abord une prosodie voulue et donnant la note comique, puis l'habitude des auteurs qui ne peuvent plus sur cette pente glissante remonter le courant et en arrivent sérieusement à faire des prosodies barbares, à côté de ces assommants points d'orgue, ces tenues sur la note pénultième des finales qui visent à l'effet braillard et d'un goût douteux.

Nous avons pourtant cité deux auteurs qui ne font pas d'opérettes extra-bouffes, comme Offenbach ou Hervé.

Nous donnerons un dernier aperçu sur l'opérette et parlerons de

Léon Vasseur.

C'est *La Timbale d'argent* qui nous fournira nos deux citations.

Ensemble du duo du 2e acte, Molda et Muller:

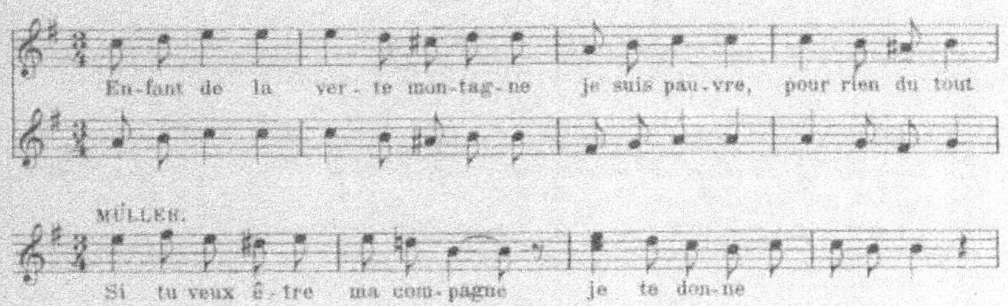

c'est-à-dire

> Enfant de la verte montagne,
> Je suis pauvre, pour rien du tout

Nous retrouvons toujours les mêmes errements. Ici nous avons dans la même phrase musicale, une phrase littéraire complète, en plus le commencement d'une autre, ce qui ne peut être admissible sous aucun prétexte.

Le bon sens voudrait la coupe suivante:

> Enfant de la verte montagne,
> Je suis pauvre,
> Pour rien du tout
> Si tu veux être ma compagne,
> Je te donne, etc., etc.

Dans le cas présent, nous ne nous occupons pas de la prosodie des mots. Mais il est des cas où nous devons le faire, comme dans l'exemple suivant.

La Chanson du Postillon, chantée par Molda:

Ici, l'assemblage des mots est drôle, pour ne pas dire osé:

C'est q'*aussi* c'*est* (5e et 6e mes.)
De ce*la la*—
fait rire — puis
Jean perd tout son aplomb.

Cela dépasse la tolérance que l'on a pour l'opérette:

Il faut croire que l'auteur de *La Timbale d'argent*, aime ces prosodies, car les récidives sont nombreuses; en voici une nouvelle.

Phrase de Muller, dans le trio du 1er acte:

Nous ne comprenons pas pourquoi l'auteur a sacrifié la prosodie, il n'a pas même l'excuse d'avoir cherché à être gracieux; cela ne flatte pas l'oreille que d'entendre:

Ah! c'est que *j'ai* bon appétit,
Oui, c'est que *j'ai* bon appétit.

Ces «ce que j'ai» ne sont pas heureux, de même que les malheureux retards sur «et» à la deuxième mesure et sur «bon — *ap* — pétit» pour finir.

Nous ne croyons pas utile d'insister davantage sur ces cas de prosodie, il suffit, croyons-nous, de les signaler.

Et nous reviendrons à dire, que pour réussir dans ce genre, il faut une pièce qui ne traîne pas, qui soit leste, qui ait des situations grasses, des rhythmes flatteurs sur lesquels on puisse adapter n'importe quelle poésie, puis confier cela à une bonne interprétation, qui, grâce aux œillades, aux minauderies, aux gestes, aux intentions émises, peut distraire et amuser le spectateur, dont l'état d'esprit ne dispose pas à entendre de la musique qu'il faut comprendre, celui-ci s'éveillera et s'égaiera toujours à la reprise de ces chansons avec reprise de chœurs et ces cris sur ces points d'orgue assommants aux finales, qui font la grande joie de ce public d'opérette et qui sème le mauvais goût parmi les spectateurs.

Nous conclurons donc que l'opérette ne peut être que néfaste au bon goût.

Mais pourquoi suivre le mauvais goût du public?

Traduction des ouvrages classiques.

Les Noces de Figaro, de Mozart.

Ce merveilleux opéra, ce chef-d'œuvre d'esprit, de délicatesse, de sentiment exquis, méritait mieux que cette traduction, qui pourtant est signée de deux noms illustres dans le monde des lettres et du théâtre, Michel Carré et Jules Barbier. (Nous parlons toujours au point de vue de la prosodie, de l'assemblage des mots, de la coupe des phrases, par rapport à la musique.)

Cela tient probablement, au peu d'importance que l'on donnait à cet art, à cette science qu'on nomme prosodie lyrique.

Voici quelques exemples, quelques citations, qui nous permettront de nous expliquer.

Celle-ci est la phrase de Figaro, dans le duo avec Marcelline, au premier acte:

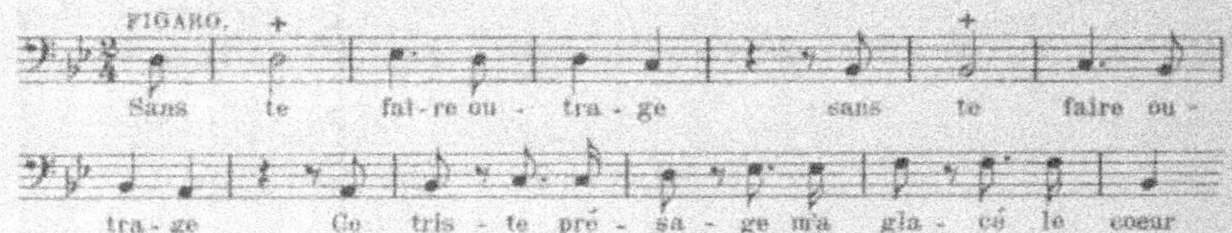

La prosodie dit: «Sans te» (une blanche sur cette syllabe muette) «faire outrage» *(bis)* «Ce tris—te présa—ge me gla—ce le cœur».

Et cette phrase revient en duo et prosodiée de la même manière; nous n'insisterons pas davantage.

Comme nous le disions plus haut la musique est belle et attire toute notre attention, heureusement, car, que dire d'un air si peu intéressant que le suivant, au point de vue littéraire, sinon que c'est du remplissage.

Je lui prépare
Sur ma guitare,
Je lui prépare
Une chanson,
Je lui prépare
Sur ma guitare
Une fanfare
De ma façon.

—

De ma façon,
Oui,
De ma façon,
C'est bon,
C'est bon,
J'ai là mon plan,
C'est bon,
Mais piano (cinq fois.)

Et cela continue:

Oui, sans esclandre,
Je veux vous prendre
Oui, sans esclandre,
Je veux vous prendre,
Je veux vous prendre
Dans mon filet.

C'est un thème, un sujet donné sur lequel sujet le compositeur brode et développe le sens à sa fantaisie, sans se préoccuper des paroles qui n'ont pour lui aucune signification juste, ou plutôt n'intéressant pas.

Mais, à ce compte, pourquoi faire un opéra? Autant et mieux vaudrait faire un ballet, une pantomine, puisque le librettiste se dérobe.

Pour nous, nous estimons que l'école nouvelle est préférable à ce mode ancien, par la raison que, tout en laissant au compositeur sa large part de responsabilité, elle fait en même temps du poète le collaborateur du musicien, celui-ci s'inspire de la coupe des vers, de la valeur des mots qu'il tâche de rendre le plus exactement, en y ajoutant sa part d'interprétation lyrique.

Mais poursuivons notre excursion.

L'air de Figaro «Bel enfant amoureux» et l'air de Suzanne «viens, cher amant» nous paraissent les plus heureux et les mieux prosodiés de la partition.

Nous n'en dirons pas autant de l'air de la Comtesse au 5e acte.

Que dire de ce récit?:

Nous pensons pu'on aurait qu trouver des phrases disant mieux l'état d'âme de la Comtesse; ici le sens en est brouillé, les mots semblent avoir été choisis à cause du nombre de leurs syllabes et paraissent étrangers et étonnés d'être ainsi accouplés.

Que dire de:

Amour seconde ma vengeance guerre, au traitre?

et tout le temps des phrases discordantes.

Mais voici l'andante de l'air:

Nous ne ferons pas de procès à cause des prosodies de mots comme: «éva—nouie», ou: «a quoi bon—se sou—venir», nous dirons seulement que nous n'aimons pas la tournure des phrases et cet abus du mot «Tout», qui revient quatre fois.

Allégro de l'air de la Comtesse:

Ici, la Comtesse espère que l'amour du comte se réveillera un jour, mais pour en saisir le sens il est besoin d'attendre la sixième mesure, car le commencement «Ah! du moins, si de son âme, je croyais pouvoir un jour» peut avoir la suite que, lui donnent les poètes «Rallumer encore sa flamme, réveillez un peu d'amour» ou telle autre que l'on voudra.

Pour nous, nous n'aimons pas ces retards, nous sommes partisans de l'action immédiate; au théâtre, nous voulons des situations nettes, quitte à leur donner après tel développement que voudra le compositeur.

Ce que nous aimons peu encore, c'est dans l'exemple suivant où un tronçon de phrase se trouve perdu entre deux motifs d'orchestre, et lorsque le tronçon de phrase ne signifie quelque chose qu'à cause de son complément, dont il est séparé:

Si le compositeur voulait une phrase avec réponses d'orchestre, il fallait en choisir une qui signifiât quelque chose et ne fût pas une des parties de la suivante.

Rossini a abusé de ces phrases isolées et pour ne citer que le Barbier, qui ne se rappelle ce passage:

Duo entre Figaro et Almaviva, 1er acte:

Almaviva:

Qui pourrait nous dire ce que veut dire cette phrase isolée: «Ah! voyons ce qu'à ton génie» entre ces deux motifs; «mi, ré, la, — si, fa, sol»?

Ici encore c'est la musique qui retient l'attention, nous ne le discutons pas, et redisons que, pas plus que celui de Mozart, le génie de Rossini n'est ici en jeu. Nous voulons seulement faire constater le peu de cas que ces grands musiciens faisaient de la poésie, car Rossini non seulement a abusé de ces phrases isolées comme Mozart, mais encore il a abusé, comme personne, des redites, de ces airs construits sur quelques mots seulements.

Nous nous permettons d'étudier sérieusement ces traductions d'opéras classiques, lorsque nous ferons notre étude sur les traductions de Wagner.

Les Classiques.

(AIRS.)

En général, les classiques sont bien prosodiés. Nous n'y trouvons qu'un abus de respiration, qui peut rendre la phrase un peu courte.

On sait que la respiration fait partie de la prosodie et selon qu'elle est bien ou mal placée, elle peut éclairer le sens de la phrase ou le rendre obscur.

Œdipe à Colone, de Sacchini.

(Grand air du Basse.)

Dans le récit qui précède le Cantabile de ce magnifique morceau, nous ne voyons pas à redire, tout y est bien en place, soupirs, demi-soupirs, quarts de soupirs indiquent bien le sentiment vrai, c'est-à-dire l'émotion et la colère d'un père:

«Mon fils», séparé de «tu ne l'es plus», par ce quart de soupir qui a l'air d'un point d'interrogation, donne de la grandeur à l'idée et ces quelques mots ont l'air d'une grande phrase.

Nous remarquons aussi l'arrêt après «va» («ma haine est trop forte») qui donne bien le caractère et dit bien la détermination irrémissible d'Œdipe que le «oui» isolé et surtout «Ton frère et toi» (noire) et arrêt, qui est une grande affirmation très énergique.

Mais voici la contre-partie: là, la colère, ici, l'amour paternel qui se traduit avec une vérité superbe:

Le lecteur n'a qu'à jeter les yeux sur ces récits pour se convaincre de la véracité de notre dire; nous voulons pourtant dire quelques mots: Voici la phrase «Elle est tout pour mon cœur». Sacchini (contrairement à ce qu'il est d'usage de faire, c'est à dire, donner la note forte à «est» qui est le verbe et qui éclaire la phrase) a voulu, pour mieux marquer la tendresse du père pour sa fille donner les notes fortes à «Tout» et à «Cœur» pour que ces mots suivis du mot «seule» (sur une note longue) et qui commencent la phrase suivante résonnent seuls à notre oreille «Elle seule a tout mon cœur». Voilà de la belle peinture musicale, il est vraiment plaisir d'analyser de pareils récits.

Conseillons aux chanteurs qui interprèteront cet air de suivre scrupuleusement toutes les indications du Maître, s'ils veulent se pénétrer du vrai sentiment du morceau.

Voici le Cantabile:

Maestoso non presto. (♩ = 72)

Tout en disant (ce que d'ailleurs tout le monde sait) que cet andante est superbe, nous devons regretter que les respirations y soient si nombreuses et nous pensons que lier entre elles quelques phrases ne pourrait rien enlever aux beautés de la musique du maître.

Nous conseillerions par exemple de lier «Elle m'a prodigué» à «sa tendresse, ses soins» de même que «son zèle dans mes maux» à «m'a fait trouver des charmes». Quant aux deux phrases qui suivent «Elle les partageait» «Elle essayait mes larmes» peuvent être reparées, mais à la condition de soutenir le même sentiment. Il n'en est pas de même du «Son amour attentif — prévenait mes besoins» qu'il faut lier, etc.

Il y a pourtant dans cet air une phraséologie qui ne nous satisfait pas complètement. Voici le passage:

L'auteur a écrit:

Puisse des Dieux, la justice éternelle

puis une demi-pose, et:

A ma recónnaissance égaler ton bonheur.

C'est pourtant la même phrase et la même idée qui se poursuivent, et tel que l'a écrit le musicien cela ferait supposer deux idées distinctes.

Nous conseillons donc de lier ces deux vers.

Nous répétons que les réflexions que nous faisons ne diminuent en rien le respect que nous professons pour le compositeur et pour ses œuvres.

Les Abencérages, de Chérubini.

C'est un très bel air que cet air de Chérubini, il est empreint d'un très beau sentiment, la mélodie y abonde et ses qualités de style en font un sujet d'étude très appréciable pour les chanteurs.

Nous devons toutefois mettre en garde Messieurs les professeurs et les chanteurs contre une grande faute de prosodie, qu'ils pourraient commettre, dans le récit que nous donnons, si on l'exécutait tel qu'il est écrit.

Le voici :

Nous passons sur les quatre premières mesures our arriver à

Que cette voûte hospitalière,
(un demi-soupir), puis : Conserve au moins
(un demi-soupir) Conserve au moins
(un soupir), et enfin : Mon souvenir.

Non seulement nous trouvons que séparer «Que cette voûte hospitalière» de «Conserve au moins» est une faute, mais nous dirons aussi que répéter de suite «Conserve au moins» n'est pas plus heureux que de séparer ce tronçon de phrase de «Mon souvenir», qui est le complément de celle-ci.

Nous ajouterons que le changement de mouvement (larghetto) sur «Conserve au moins» ferait supposer une nouvelle idée, ou une nouvelle intention, alors qu'il n'en est rien, puisque c'est la continuation de la même phrase, ce qui constitue une aggravation de fausse interprétation.

Il n'est pas très facile, même en liant les phrases, d'arriver à une bonne prosodie, à cause de ces malheureux «Conserve au moins»; nous ne voyons qu'un moyen de l'atténuer, c'est d'accepter la coupe suivante:

Ce n'est pas merveilleux, mais c'est assurément mieux que ce qu'il y a.

Les réflexions que nous avons faites, au sujet de l'andante d'*Œdipe à Colone*, seront les mêmes que nous émettrons pour le cantabile des *Abencerages*, c'est-à-dire qu'il faut lier le plus possible les phrases qui se suivent et qui sont le complément de l'idée émise.

Nous appellerons toutefois l'attention du chanteur sur un passage important de l'air:

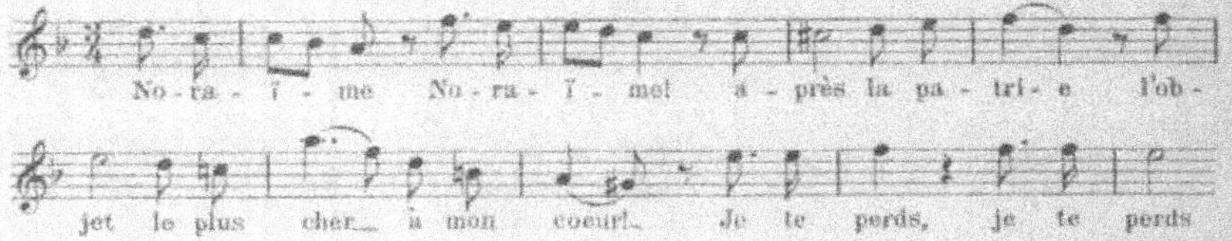

Nous n'aimons pas beaucoup le demi-soupir qui sépare «Après la patrie» de «l'objet le plus cher à mon cœur»; ainsi prosodiée, cela ferait supposer que la phrase est incomplète et attend son complément. Nous admettrions cette donnée s'il y avait: «L'objet le plus cher à mon cœur, *c'est toi*».

Mais ce n'est pas le cas, le poète a dit:

Noraïme! après la Patrie l'objet le plus cher à mon cœur!

c'est-à-dire: «Tu es l'objet le plus cher à mon cœur après la Patrie»

Il faut donc couper la phrase comme suit:

Nous passerons sur l'allegro de l'air, où pourtant nous pourrions faire quelques observations sur le choix des mots qui tombent sur les temps forts; on sait du reste notre opinion sur ce sujet.

Jeannot et Colin, de Nicolo.

Air de Thérèse:

Cet air est une perle musicale, il est d'un sentiment exquis et délicat; c'est aussi un des airs classiques les mieux faits sous le rapport de la prosodie.

Analyser un air pareil est un vrai régal artistique, tout y est en place, soigné, voulu; tout concourt à rendre la pensée savamment, sous des dehors modestes, ce qui est le propre du génie. C'est pourquoi nous conseillerons aux chanteurs de respecter scrupuleusement les demi-soupirs, les pauses. Il faudra respirer après le mot «extrême», après «J'ai perdu l'ami de mon cœur» et lier «Il faut aimer autant que j'aime pour bien juger de ma douleur», qui nous dit bien le tendre amour de Thérèse.

Voici un fragment de l'allegro de l'air qui est un second échantillon du faire de Nicolo, il dépeint l'anxiété et l'espoir de Thérèse, ces états d'âme sont peints avec des phrases coupées, qui ne se lient que pour faire croire à son futur bonheur, comme la phrase liée suivante:

Il voudra faire mon bonheur.

puis l'enthousiasme, la foi et l'épanchement d'un cœur sincèrement épris.

Voici les sentiments si bien dépeints par Nicolo dans cet air de Thérèse.

Céphale et Procris, de Grétry.

Cavatine. Céphale:

La cavatine de Céphale est d'un très bon sentiment, d'une tendresse d'expression et d'un beau caractère. De plus, on ne retrouve pas dans cet air ces répétitions constantes de phrases et de mots dont les auteurs classiques ont un peu abusé. La pensée de Grétry se déroule lentement dans un très bon style.

Nous regrettons toutefois que les phrases musicales ne concordent pas toujours et n'aient pas la même coupe que les phrases littéraires, comme nous pouvons le constater aux cinquième, sixième, septième, huitième et neuvième mesures. Celles-ci forment une phrase, une même pensée musicale, qui, littérairement, est construite avec deux morceaux de phrases:

1° La fin de la première: «Vous prier de m'entendre»;

2° Le commencement de la seconde: «Des mortels amoureux».

Pour remédier à cet inconvénient, il suffit de déplacer la respiration et dire en liant et dans un même sentiment:

Je viens au nom d'un Dieu
Qui vous suit en tous lieux
Vous prier de m'entendre,

respirer, et reprendre ensuite:

Des mortels amoureux
Vous voyez le plus tendre
Et le plus amoureux
—
Oui, le plus amoureux.

Alceste, de Gluck.

Air d'Alceste.

L'air d'Alceste que nous donnons plus haut est, sans contredit, un des monuments du répertoire classique, un de ces monuments comme aimait à en créer ce génie qui a nom Gluck.

Il ne nous appartient pas de dire toutes les beautés musicales que renferme cette belle page. D'autres et des plus éminents l'ont fait avant nous et bien mieux que nous pourrions le faire.

Nous ne pouvons pourtant pas résister au devoir, au plaisir, d'étudier ce morceau au point de vue de la prosodie.

Disons tout de suite que celle-ci est juste, vraie.

Nous avons d'abord pour commencer une affirmation sur le mot «Non», puis ces retards avec l'orchestre «si, la, la, mi, ré, ré», qui préparent la phrase suivante d'un si beau sentiment amoureux; vient ensuite le demi-soupir, qui sépare les deux «Sans toi» et donne toute son importance à la deuxième phrase. Après? Voici une note longue sur le mot «Cher» que nous trouvons bien inspiré. On pourra objecter que le mot rayonnant est «toi», ce qui est vrai; c'est aussi pourquoi l'auteur lui réserve le premier temps de la mesure, le temps fort, et s'il donne au mot «cher» une note plus longue, c'est pour mieux peindre le tendre amour d'«Alceste» pour «Admète»; ce qui le prouve, c'est la noire pointée sur le pronom personnel «moi» et le retard sur «affreux», ce qui fait que, n'entendrait-on que «cher», «pour moi», «affreux supplice», on aurait le sentiment juste qui anime Alceste.

La chanteuse, tant soit peu intelligente, n'a qu'à lire avec attention, les indications de l'auteur, pour rendre avec vérité cette belle page.

Nous ne savons pas pourquoi, nombre d'artistes qui se targuent même de bien interpréter la musique classique, hâchent ces belles phrases musicales, par des respirations que rien ne peut excuser.

Voici par exemple comment on interprète la phrase qui nous occupe:

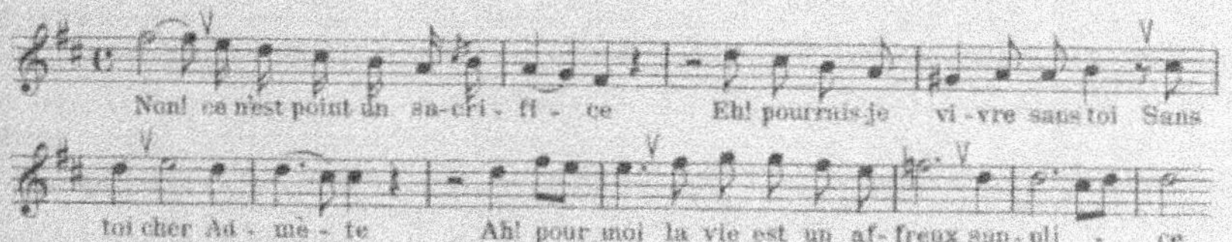

Mais la respiration après le mot «non» donne à celui-ci une autre signification que celle qu'il a dans cette phrase. Respirer après «non» indiquerait que ce mot est une réponse: «Voulez-vous ceci ou cela? — Non!», mais cette interprétation n'est pas du tout celle indiquée par les auteurs d'Alceste en cette circonstance, bien au contraire et nous pouvons ajouter sans crainte d'être accusé de paradoxer, qu'ici ce mot négatif devient une affirmation, que l'on pourrait changer au besoin et traduire: «Ne crois pas que ce soit un sacrifice», ou par toutes autres phrases affirmatives; nous ne pouvons donc séparer de ce mot la fin de la phrase «Ce n'est point un sacrifice», sous peine de lui enlever sa vraie signification.

Pourquoi aussi, puisqu'on respire entre les deux «Sans toi», venir ajouter une autre respiration avant «Cher Admète»; celle-ci non seulement hache la phrase, la rapetisse, mais encore, en fausse l'interprétation et la vérité. Nous admettrions à la rigueur la respiration avant «La vie est un affreux supplice», mais ce que nous ne saurions admettre, c'est de couper et séparer les mots «affreux — supplice» par une respiration saugrenue.

En effet, que peut signifier ce mot «supplice» ainsi jeté, seul, à la fin d'une phrase? Est-ce d'un bon sentiment? Non. Est-ce d'un bon style? Non. Est-ce d'une grande vérité? Non.

Voici un autre exemple pris dans le même air, et où on commet la même faute:

Moderato sans lenteur.

(1) Ce signe V signifie respiration.

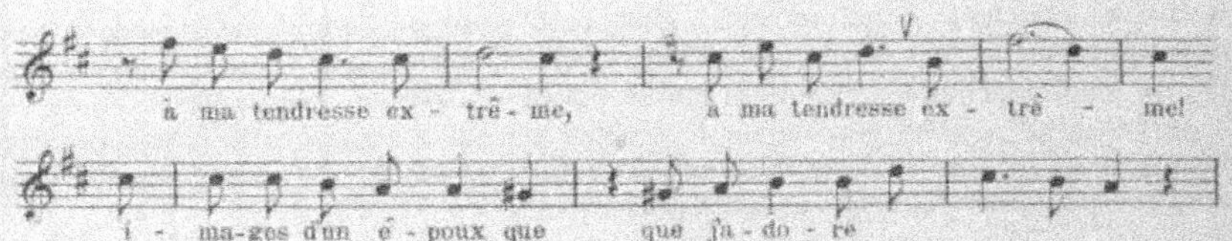

Nous voudrions connaître les raisons qui font qu'on sépare par une respiration ces deux mots «tendresse extrême»; le mot tendresse a encore un sens qui lui est propre et peut être employé seul, mais que dire de «Extrême» qui n'a de raison d'être et de signification que précédé, suivi et lié à un substantif. Est-ce la seule intention de raccourcir la phrase du musicien?

Si nous insistons tant sur les respirations maladroites, c'est afin de prouver que celles-ci, mal placées dénaturent et changent le sens des mots et des phrases.

Nous donnons un second exemple pris également dans Alceste, la superbe imprécation d'Alceste, ce pur chef-d'œuvre, cette inspiration géniale, que nous regrettons de ne pouvoir analyser musicalement. On comprendra le sentiment que nous éprouvons en entendant de fausses interprétations de pareilles œuvres.

Nous passons sur les mauvaises respirations qui sont marquées dans le courant de la phrase et qui sont celles couramment indiquées dans les conservatoires, pour arriver à la cinquième avant-dernière mesure, où nous trouvons «Votre pitié — cruelle».

Nous disons tout de suite qu'avec ces mots ainsi séparés, le sens de la phrase et celui des mots sont faussés, dénaturés.

Pour pouvoir chanter en séparant «cruelle» de «pitié», comme on l'indique communément, nous pensons qu'on devrait alors écrire «cruelles» au pluriel. Ce mot aurait alors l'air d'une exclamation, d'un cri de haine adressé aux divinités du Styx. En ce faisant, on irait contre la volonté des auteurs, mais on donnerait un semblant de vérité à l'exécution.

Mais si on veut respecter l'œuvre du poète et celle du musicien, il faut alors lier les mots «pitié cruelle», car la phrase dit: «Je n'invoquerai point votre pitié cruelle», pour cruelle pitié. Ceci est un dilemme devant lequel il faut se soumettre, et se soumettre devant Gluck, c'est respecter une des plus grandes gloires musicales.

Stratonice, de Mehul.

Air de Séleucus.

Cet air qui est très beau d'allure et de sentiment est construit avec l'aide de quelques vers seulement.

Les phrases, les mots se répètent constamment, ce qui donne au sens un air décousu.

Les respirations marquées sont celles que faisait le grand Duprez.

C'est ici qu'il nous est facile de mesurer le progrès qui s'est accompli en prosodie, depuis cette époque, en comparant le peu d'exigence qu'on demandait alors, à celles que réclament les nouvelles règles qui régissent cette science.

Nous devons nous en féliciter, car l'œuvre moderne peut seule rendre à la musique lyrique, la clarté et la compréhension, en demandant, la collaboration du poète et du musicien.

Voici un exemple du récit, avec ses phrases coupées, puis une autre citation pour l'andante ci-après:

où nous voyons des phrases comme celle-ci:

Versez tous vos chagrins dans mon cœur paternel.

coupée en deux par une malheureuse respiration; — ou plus loin on fait dire: «Ne craignez pas», un demi-soupir, puis: «de me déplaire», etc., etc.

Nous ne nous amuserons pas à détailler cet air, qui nous offre si peu de particularités. Nous devons toutefois dire comment nous voudrions voir chanter cet air et lui conserver le caractère qu'il comporte.

Voici notre version: nous prévenons le lecteur et lui dirons pourquoi nous donnerons une interprétation différente aux deux phrases qui terminent notre citation.

Nous estimons que le mari de Stratonice, parlant à des enfants, doit leur dire d'une seule haleine:

Tout ce qui peut flatter les désirs d'un mortel,
Vous l'obtiendrez de votre père.

ce qui est un vrai épanchement paternel. Mais la seconde fois c'est de l'affirmation qu'il nous faut, et c'est pour cela que nous respirerons et appuyerons pour dire:

Vous l'obtiendrez de votre père.

Ariodant, de Méhul.

Voici un autre exemple de phrases coupées, de vieilles méthodes surannées de chanteurs, qui disaient qu'il faut respirer toutes les fois qu'on en a besoin, c'est-à-dire qu'au lieu de guider la respiration d'après les exigences de la phrase littéraire et musicale, c'était au contraire cette dernière qui se trouvait à la merci de l'autre.

Qu'on en juge :

Les virgules et les soupirs sont des respirations consacrées.

Notre version ne veut de respirations qu'aux signes ,

Voici la coupe que donnent les phrases hachées:

Femme sensible,

—

Entends-tu ce ramage?

—

De ces oiseaux,

—

Qui célèbrent leurs feux.

—

Ils vont redire

—

A l'écho du rivage

—

Le printemps fuit

—

Hâtons-nous d'être heureux.

Pourquoi, puisque l'auteur dit d'une seule haleine: « Femme sensible, entends-tu ce ramage? », pourquoi, disons-nous, couper cette phrase? Et sur quelle note mettrez-vous la troisième syllabe de sensible? Et puis quelle idée que de séparer: « De ces oiseaux » de « qui célèbrent leurs feux »; nous ne croyons pas devoir insister davantage sur cette manière mesquine d'interpréter les Classiques.

Nous avons indiqué une version qui tout en respectant l'idée du compositeur, permet une phrase plus longue et plus mélodique, car les phrases, d'après un aphorisme généralement admis, sont d'autant plus mélodiques qu'elles sont longues.

Si nous eussions parlé et coupé la phrase selon notre inclination, voici les coupes qu'il nous aurait plu d'indiquer.

Femme *sensible*
Entends-tu le ramage
De ces oiseaux qui célèbrent leurs feux.
—
Ils vont redire à l'écho du rivage:
—
Le printemps fuit — Hâtons-nous d'être heureux.

Cette interprétation, quoique étant la seule, la vraie, nous paraît trop moderne pour s'appliquer à la phrase de Méhul.

L'étude des morceaux classiques nous ramène nécessairement à reparler de l'air d'Agathe du *Freyschutz* qui est un des plus chantés.

S'il est une page qui ait été maltraitée par les traducteurs, c'est sans conteste celle-là.

Parmi tant de traductions dont on a cru affubler cette belle pensée musicale, c'est celle de Charles Nuitter qui est généralement la plus chantée dans les conservatoires.

Nous ne voudrions être désagréable envers personne, pourtant nous ne croyons pas qu'il nous soit possible en cette circonstance, de louer ou même d'approuver la préférence qu'ont les chanteuses pour cette traduction.

Il n'est point ici besoin de chercher longtemps pour s'assurer du peu de scrupule du poète pour la vérité de l'action, du bon sens, de la clarté, voire même de la négligence du poète. Un simple coup d'œil suffit.

Hélas, sans le revoir, faut-il fermer les yeux

c'est ainsi que commence l'air.

La phrase n'est pas d'une beauté transcendante, mais pourrait-on encore espérer qu'il y aurait une suite d'idées; mais non, il n'en est rien; jugez-en par les deux vers qui suivent:

Ah! quel tourment se mêle à mon amour pieux,
La lune enfin rayonne aux cieux,
Rayonne aux cieux.

Ici se place la prière:

Ma prière
Solitaire
De la terre
Volera vers Dieu,
Ta servante
Est tremblante.

Il faut croire que «la prière solitaire» n'inspire pas beaucoup Agathe, car voici comment elle va s'exprimer pour nous dire ce qu'elle voit au Ciel:

Quel beau Ciel et que d'étoiles
Resplendissent dans l'azur
Pourtant sous de sombres voiles
L'horizon devient obscur
Quels nuages pleins d'éclairs!
Que d'orages dans les airs!

Que penser de ce beau ciel sous de sombres voiles?

Et cet orage près d'éclater dans ce ciel d'azur?

Malgré cela:

> Le rossignol qui s'éveille
> Trouble seul l'écho lointain.

Et cela continue tout le long avec cette clarté.

La dernière traduction qui ait été faite de cet ouvrage est, croyons-nous, celle de Durdilly.

Nous ne dirons pas que celle-ci est impeccable, que la versification y est des plus soignée, que les mots y ont une certaine élégance et les idées une grande élévation de vue et de conception, non.

Mais nous dirons que Durdilly nous semble posséder deux qualités qui sont bien lyriques et scéniques, savoir: la clarté et la netteté des situations et des mots:

> Déjà la nuit s'avance, et Max ne revient pas.

Cette entrée en matière, cette présentation est claire et nette et peint bien l'état d'âme d'Agathe:

> La lune, au Ciel, scintille et luit.

Ce vers n'est pas plus mauvais qu'un autre, mais où il est plus adroit, c'est de ne pas faire répéter sur le point d'orgue qui suit la deuxième partie du vers «Scintille et luit» comme le font bon nombre de traducteurs.

L'expression n'est pas neuve, nous le savons, mais elle constitue une exclamation et celle-ci sied très bien avec le point d'orgue.

Qu'on ne se méprenne pas sur notre dire. Nous ne louons pas la beauté de l'expression, nous louons le fait d'avoir trouvé une exclamation, au lieu de répéter, comme d'usage, la deuxième partie du vers qui précède.

Pas plus que la précédente prière, celle-ci n'est bien venue:

> Pure et tendre, ma prière
> Monte
> Monte en doux accents pieux
> Et fervente de la terre
> Vole
> Vole dans le sein des Cieux.

Nous lui préférons les récits qui suivent:

Comme brillent les étoiles
Qui rayonnent dans l'azur
Pourtant sous d'immenses voiles
L'horizon devient obscur
Dans le bois brille un éclair
Comme au sein du noir enfer.

Nous regrettons de ne pas connaître les ressources, les finesses de la langue allemande, pour pouvoir juger de la clarté de ces récits dans la langue de Weber, qui marie plusieurs pensées littéraires dans une seule idée musicale. Ce que nous savons par exemple, c'est que ces récits, traduits en français offrent tous un contre-sens et évoquent les idées les plus baroques, à ce point que nous ne devons pas chercher les meilleurs vers, mais nous contenter des moins mauvais.

Pour ce qui est de l'allegro final, nous avouons préférer les vers de Nuitter à la traduction de Durdilly; le premier suit mieux la pensée du compositeur et sa phrase musicale:

Ces vers partent, fuyent, s'envolent avec la pensée du musicien, tandis que ceux de Durdilly retardent au contraire l'action.

Voici les vers de Ch. Nuitter:

Ah! quel bonheur suprême
Dans mon âme plus d'effroi,
C'est le ciel, délire extrême,
C'est le Ciel ouvert pour moi.

Durdilly traduit ainsi:

Ah! tout en moi s'anime
Et s'agite dans mon cœur
Tout me dit: il est vainqueur
Tout me dit: il est vainqueur.

Qu'on juge de ces vers sous la musique:

Ce qui rend lourd, ce sont les vers coupés en deux, la demande et le réponse: Tout me dit: il est vainqueur» et la rédite ressemble assez à du remplissage.

Et voilà ce qu'inspirent de pareils chefs-d'œuvres!

Au lecteur à conclure.

Quelques Chants connus.

Les chants populaires, les chants nationaux ne sont pas les seuls dont l'audition est devenue difficile à entendre, par suite des certaines corruptions de goût, que chacun y a laissé et y apporte encore. (Ces corruptions sont devenues des habitudes et forment comme le cachet classique, que tout bon chanteur doit garder religieusement!)

D'autres mélodies très répandues aussi ont eu le même sort.

Pour les unes, la faute en est au compositeur qui a sacrifié les vers, la prosodie à la musique; pour d'autres, la faute en est aux traducteurs, qui n'ont pas été assez heureux pour trouver une poésie s'adaptant à la phrase musicale.

Nous ne pouvons, on le comprendra, citer tous ces chants; nous nous bornerons à donner les plus connus.

Voici:

L'Adieu, de Schubert.

Qui ne connaît cette belle inspiration, d'un sentiment si touchant, si délicat, si vrai:

Nous ne voulons pas chercher la petite bête; nous nous bornerons seulement à relever les licences les moins tolérables que nous rencontrerons.

Signalons d'abord les fautes qui sont aux neuvième et dixième mesures, où nou trouvons :

La mort — est u — ne amie
Qui rend — la li — berté.

que nous conseillons de chanter comme suit :

Nous ne voudrions pas être accusé de porter une main profane sur la musique du maître. Nous ferons remarquer que les changements opérés par nous ne détruisent en rien le rhythme et la phrase musicale; c'est un simple déplacement des valeurs, que Schubert lui-même aurait autorisé, car il permet de corriger deux fautes de prosodie et il rend le sens de la phrase plus clair.

Il en est autrement pour ce qui peut avoir lieu à la quinzième mesure dans laquelle nous trouvons deux erreurs de prosodie:

Et pour — l'éter — nité,

Voici la solution que nous avons trouvée, mais que nous n'osons conseiller à cause de certains changements musicaux:

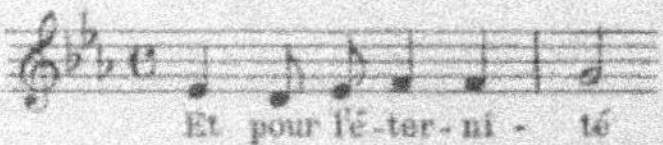

Mais encore, dirons-nous, est-on sûr que Schubert aurait conservé la même coupe de phrases, ou plutôt les mêmes valeurs de notes, s'il avait eu à mettre ces paroles françaises sous sa musique? Nous ne craignons pas de répondre: Non.

Les musiciens qui font chanter deux couplets sur le même motif ne changent-ils pas les valeurs des notes, selon que le sens de la phrase littéraire l'exige?

Ce n'est donc pas un crime que de chercher la conformité des phrases littéraires et musicales.

On ne doit user qu'avec circonspection et respect de ce procédé, mais encore nous croyons qu'il faut s'en servir.

Partant de ce principe, nous allons indiquer les légers changements que nous conseillons pour le deuxième couplet:

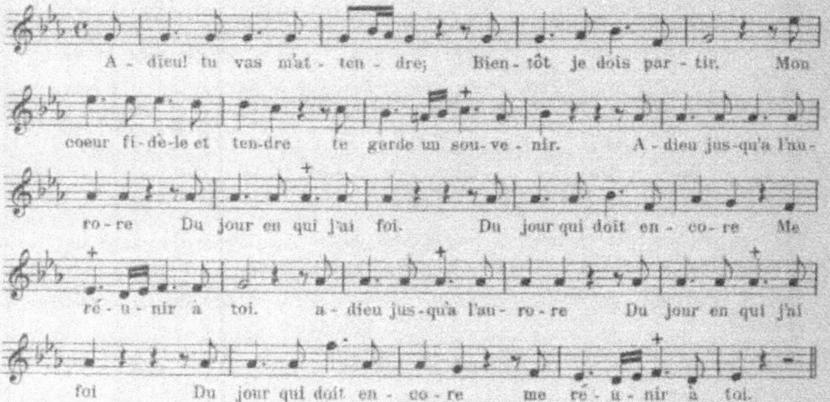

Selon nos principes, on comprendra que nous cherchions à éviter la prosodie de la septième mesure:

Te gar — de — un sou — venir.

Nous avouons que le remède est risqué, nous le donnons sans conseiller de nous imiter, mais pour être fidèle à notre programme. Le voici:

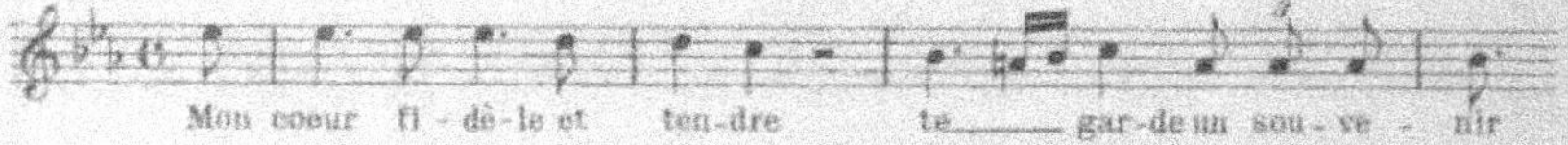

Voici les changements pour les onzième, quinzième, dix-septième et dix-neuvième mesures.

Pour éviter:

Du jour — en qui — j'ai foi

Me ré — unir à toi
Adieu jusqu'à l'aurore.

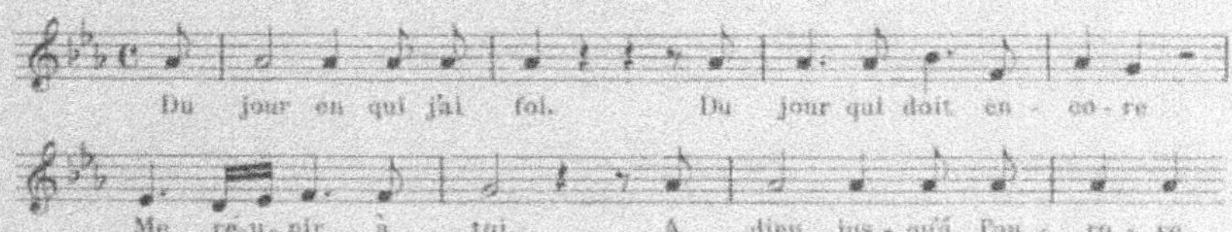

Les deux Grenadiers, de Schumann.

La traduction que nous donnons plus haut est de Durdilly; elle nous a semblé la meilleure.

Tout le commencement est bien en place, il dit bien ce qu'il veut dire, les mots tombent juste, il n'y a pas de longueur; on est dans le sujet du premier coup, ce qui est une bonne chose; puis la prosodie en est bonne.

Voici la traduction qu'en a faite Jules Barbier:

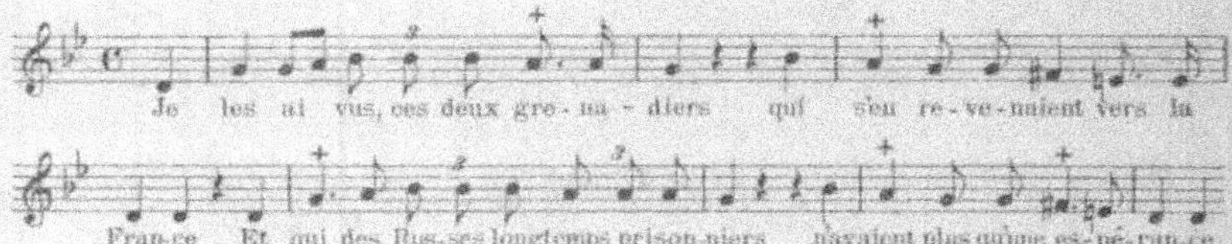

Je *les*—ai vus ces deux *gre*—nadiers
Qui *s'en*—revenaient vers la France
Et *qui*—des Russes longtemps *pri*—sonniers,
N'*avaient*—plus qu'une *es*—pérance
Soudain autour d'eux ce bruit va grandissant,
La France est vaincue et succombe,
Ses fils ont pour elle épuisé tout leur sang,
L'empereur est captif, le dieu tombe.

Cette traduction est plus répandue, plus ancienne que l'autre, mais elle n'en est pas pour cela préférable; la prosodie, l'assemblage des mots n'est pas heureux.

Sans nous montrer sévère; il est de notre devoir, lorsqu'il s'agit, comme dans le cas présent, où les phrases musicales sont composées de deux phrases littéraires, la demande et la réponse; il est de notre devoir, disons-nous, de le signaler.

Le premier dit: Je sens, hélas,
Brûler ma vieille blessure |
L'autre répond: | Beaux jours finis,
La mort est mon envie |
Pourtant les miens sont au logis,
Pour eux je dois la vie |
Ainsi que toi, j'ai femme, enfant,
Pour eux bien souvent mon cœur vibre.
Mais qu'importe s'ils sont mendiants, etc.

Dans ces neuf vers, il y a sept pensées qui font partie de la même phrase musicale.

Poursuivons:

Ici, par exemple, nous ne suivons plus Durdilly, et nous nous demandons ce qu'il a voulu dire, lorsqu'il a mis:

O frère, chez nos ennemis

Jules Barbier a été mieux inspiré pour cette phrase et il a traduit ainsi:

Ami, je m'en fie à tes soins
Mon cœur brisé t'en prie,
Si je dois mourir que mon corps du moins
Repose dans ma patrie.

Et puis et surtout:

Ma croix tu me l'attacheras

qui est clair, net et bien en situation.

Mais à partir du motif de la *Marseillaise*, nous retournons à Durdilly; la prosodie est meilleure.

Qu'on en juge:

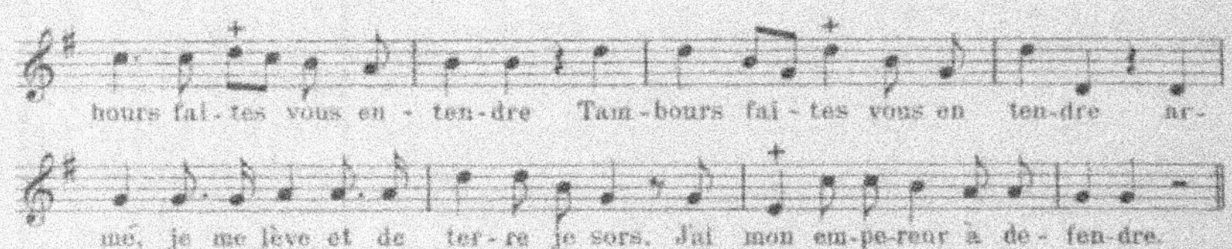

Outre que les mots ne sont pas bien en place, la prosodie laisse à désirer et finit sur une syllabe morte.

Voici ce qu'a écrit Durdilly:

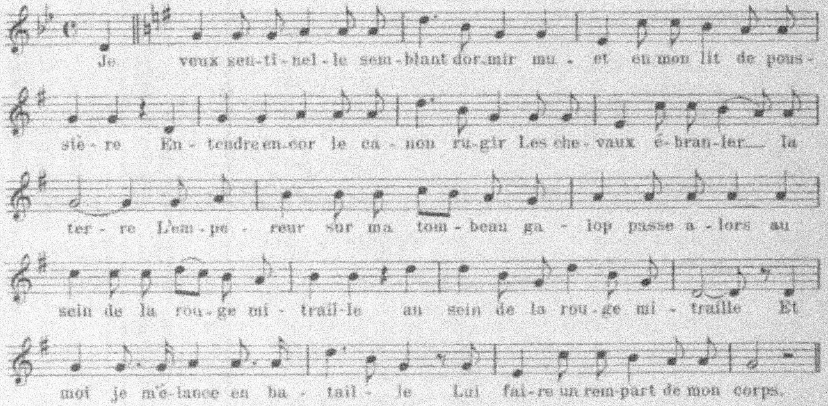

Nous laissons au lecteur le soin de conclure et d'apprécier le bien-fondé de notre dire.

Le Cantique de Noël, d'A. Adam.

Il se peut qu'il y ait des gens qui ignorent l'« *Adieu* » de Schubert, de même que *Les deux Grenadiers* de Schumann, mais en revanche nous ne croyons pas qu'il existe beaucoup de chanteurs ne sachant pas le *Noël* d'Adam.

L'a-t-on assez martyrisé ce pauvre Noël?

On ne s'est pas contenté des fautes de prosodie (pourtant si nombreuses) que contient ce morceau; chacun a tenu à y apporter les siennes, à ce point, que l'audition de ce chant religieux est devenue fatigante et impossible.

Notre rôle se bornera à relever quelques incorrections prosodiques que nous trouvons dans le texte.

Nous eussions préféré citer tous les couplets, mais faire ainsi n'est-ce pas outrepasser nos droits et empiéter sur ceux de l'éditeur?

Voici le refrain qui revient quatre fois, avec de légers changements :

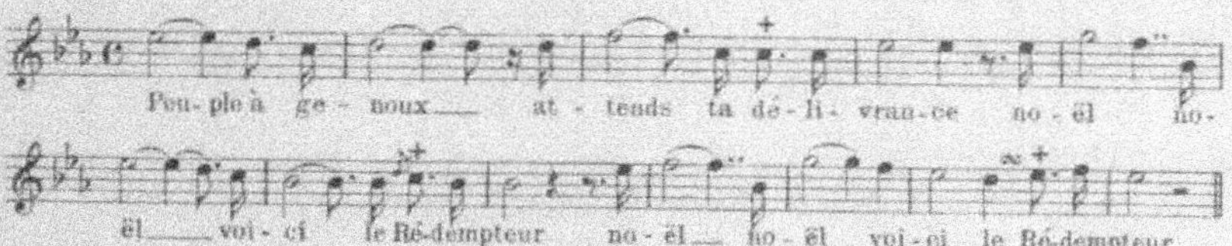

Ici, la prosodie, la coupe de la phrase sont faussés et vont à l'encontre de ce qu'a écrit le poète :

Peuple— à genoux attends ta délivrance
Noël, Noël, voici le Rédempteur.

tandis que le musicien a écrit:

Peuple à genoux —attends ta délivrance.

ce qui est faux, car ce n'est pas le «peuple à genoux qui attend sa délivrance», c'est l'ordre de l'envoyé de Dieu qui dit: «Peuple», prosterne-toi, prie, et attends ainsi ta délivrance prochaine que le Rédempteur vient d'apporter.

Il faut donc pour rendre justement cette pensée respirer après «Peuple!» et lier dans un même élan des voix: «à genoux attends ta délivrance».

Voici pour la coupe de la phrase, mais nous devons aussi nous occuper de l'ajustement malheureux des mots, que nous trouvons dans ce même refrain; ainsi il n'est pas bon de dire:

Attends—*ta dé*—livrance,
Noël, voici—*le Ré*—dempteur.

ni de faire le grupetto final pour finir dans un semblant de point d'orgue sur la syllabe «le *Ré*».

Voici la version que nous conseillons qui ne contient que quelques légers changements qui n'enlèvent rien à la phrase mélodique, mais qui tout en faisant disparaître les fautes de prosodie, nous semble donner une certaine vigueur à l'interprétation.

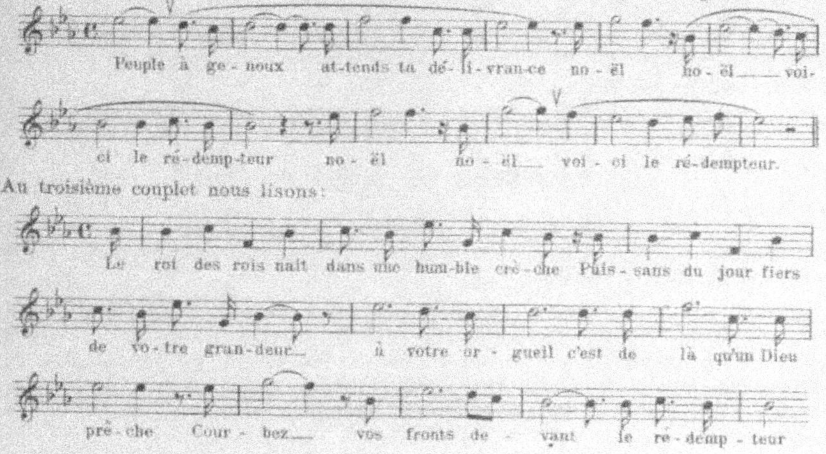

C'est-à-dire: dans la phrase musicale qui comprend quatre mesures, s'y trouvent deux idées étrangères, ou, si on préfère, il existe dans la phrase musicale deux phrases littéraires qui sont étrangères l'une à l'autre et par conséquent ne peuvent être soudées:

Le Roi des rois naît dans une humble crèche

est une phrase indépendante de

Puissants du jour, fiers de votre grandeur

qui fait partie du vers suivant:

A votre orgueil c'est de là qu'un Dieu prêche

nous préférerons écrire ainsi:

Il eût été mieux de mettre le mot «naît» sur le premier temps de la deuxième mesure, que de conserver le temps fort au mot «dans» qui n'a pas la valeur du premier. De même à la quatrième mesure, nous eussions dû écrire le mot «fier» sur le premier temps de cette mesure au lieu d'y laisser «de» qui est un mot nul.

Nous avons craint en faisant ainsi d'empiéter sur le texte du maître, nous avons préféré signaler le mal.

Le lecteur pourra se convaincre par ce qui précède, qu'une étude sur tous les couplets de ce cantique était nécessaire et il regrettera avec nous qu'il ne nous soit pas permis d'insister davantage.

La Marseillaise, de Rouget de l'Isle.

Si notre chant national respire le patriotisme et contient des accents sublimes d'envolées, on ne s'en douterait pas beaucoup en l'entendant rabâcher et maltraiter comme on le fait communément.

Si bien qu'on en est arrivé à un gâchis informe, à ne plus pouvoir démêler les phrases littéraires pas plus que les phrases musicales, tout y est mélangé, et devient prétexte à cris, démonstrations, émeutes, mais rien de ce qui doit accompagner un chant national ne subsiste: ni respect dû au chant, ni respect dû à la Patrie; rien. On dirait le plus souvent un chant français hurlé par des barbares ne sachant pas notre langue.

Il ne nous appartient pas de fixer religieusement la musique et l'accompagnement de la *Marseillaise*. Plusieurs musiciens de talent l'ont fait.

Nous regrettons toutefois qu'aucun d'eux ne se soit occupé d'en corriger les fautes de prosodie, qui pourtant sont si nombreuses.

Ce travail, nous l'allons essayer, sans pousser la prétention d'être plus écouté que les musiciens qui ont travaillé officiellement. Non, nous faisons ce que nous dicte notre conscience, sans nous préoccuper du reste.

Voici donc notre version des sept couplets de la *Marseillaise*.

Premier couplet et refrain:

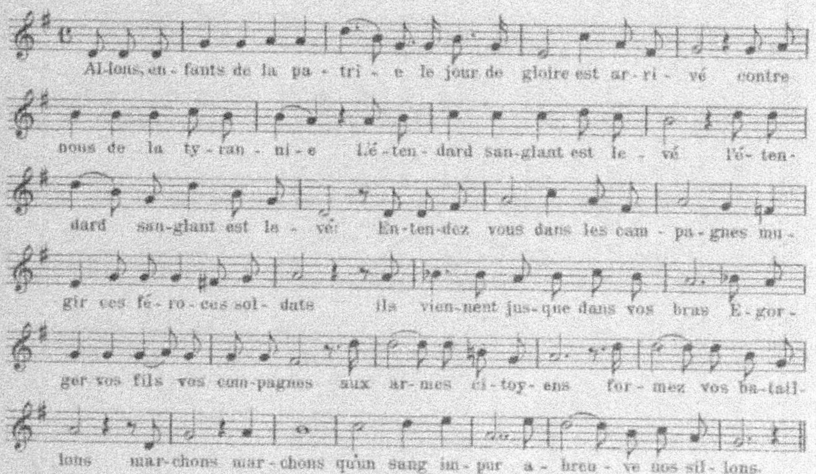

Ce sont surtout sur des valeurs de notes que portent nos changements; par exemple, mieux vaut, pensons-nous, faire la note longue sur «gloire» qui a une signification que de demeurer sur «est» qui est un sens suspendu. D'abord, les verbes «être» et «avoir» ne sont pas des syllabes fortes et ont besoin de leur complément pour avoir un sens; il ne faut donc pas y rester et leur donner une trop grande valeur musicale.

A la neuvième mesure, nous donnons de préférence deux notes à «*étendard*» plutôt qu'à «*san*glant».

Nous avons déplacé les valeurs à la douzième mesure; nous ne comprenons pas bien ce que veut dire «*la*» naturel blanche, sur «*Mu — gir*»; notre version nous semble plus énergique.

Il en est de même de la dernière mesure.

Les couplets qui suivent ne semblent pas avoir été faits par le même poète, et vraiment la légende qui ne veut pas que ce soit Rouget de l'Isle qui ait écrit toute la *Marseillaise* qu'on chante, serait assez plausible, lorsqu'on voit les prosodies que ces vers donnent. Il est vraiment permis de se demander si c'est le musicien qui en a fait toute la poésie, tant celle-ci s'accommode peu de la musique.

Mais passons et continuons, avec le moins de commentaires possible, à donner la prosodie qui nous semble la meilleure.

Deuxième couplet:

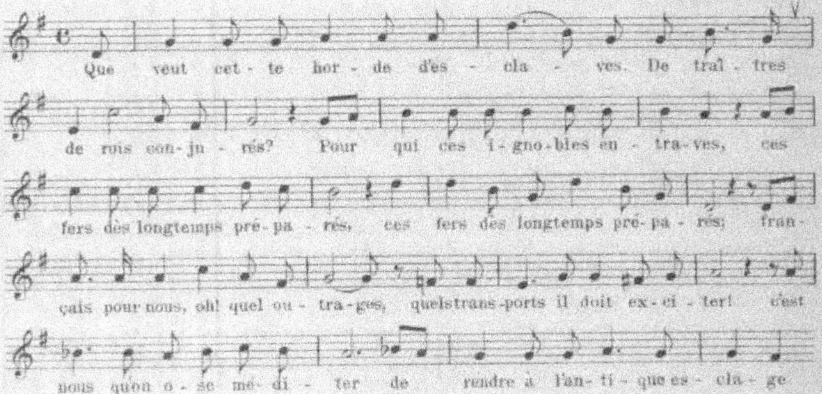

Troisième couplet:

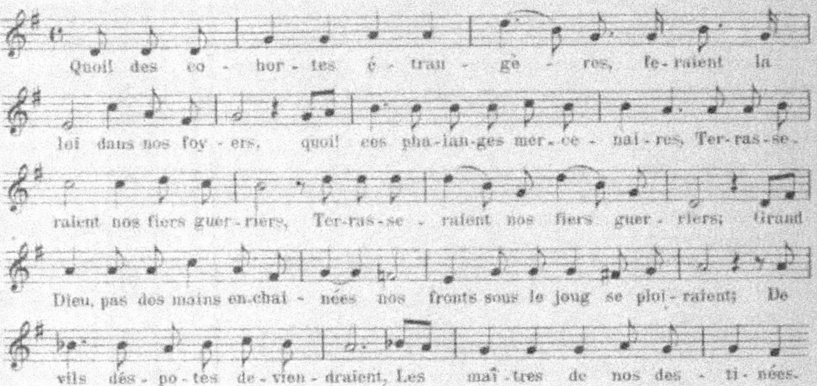

Quatrième couplet:

Iphigénie en Aulide, de Gluck.

Récit et air d'Agamemnon.

Quand nous puisons nos exemples chez des génies pareils à Gluck, et lorsque nous citons des pensées comme à celle-ci, nous ne nous faisons pas illusion sur la responsabilité que nous encourons, et cela malgré tout le respect et la dévotion que nous professons pour de telles œuvres.

Pourquoi le faisons-nous malgré cela?

C'est pour démontrer, une fois de plus, de quels soins il faut entourer la prosodie lyrique; c'est pour dire: «Au siècle dernier, les grands compositeurs, si parfaits qu'ils fussent, ont cédé aux règles de la prosodie; faut-il s'étonner après cela que de notre temps, alors que le genre léger est venu mettre la perturbation dans l'esprit de tout le monde, nous cherchions à remonter le courant?

Dans l'air que nous citons:

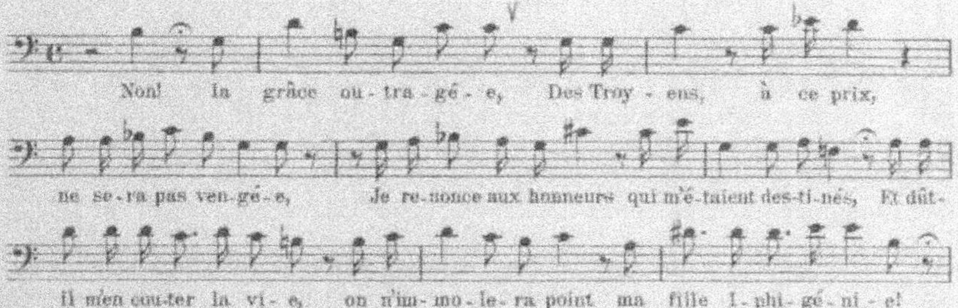

nous pensons que c'est pour indiquer à l'interprête l'importance de tous les mots que Gluck a coupé toutes les phrases par des soupirs.

Quoique cela, il nous semble, que sans profanation, il nous est possible de conseiller de dire:

Brillant auteur de la lumière

—

Verrais-tu sans pâlir
Le plus grand des forfaits?

De même que nous ferons dire d'une seule haleine:

Je renonce aux honneurs qui m'étaient destinés

puis:

On n'immolera point ma fille Iphigénie.

Par exemple, nous nous inscrivons contre l'habitude qu'ont certains professeurs de laisser dire

On n'immolera point ma fille
Iphigénie.

Ce nom ainsi jeté a l'air d'un appel et non d'un complément de phrase. Et nous faisons la même réserve que celle que nous avons faite à propos de l'air d'Alceste.

Nous savons quelles exigences étaient celles des chanteurs qui demandaient à respirer souvent, fût-ce même au détriment de la compréhension de la phrase et de la mauvaise coupe de celle-ci; c'est la seule excuse que nous pourrions invoquer à propos de la phrase suivante:

On ne s'explique pas autrement que nous ne l'avons fait la coupe de cet andante, et pourquoi «Dieu bienfaisant exauce ma prière» ne fait-il pas, comme en littérature, une seule et même phrase?

Que dire aussi de ces blanches pointées sur des mots nuls ou malheureux comme «remplis»? mais ce qu'il y a de plus fort encore, c'est que professeurs et chanteurs surenchérissent et font respirer après le mot «remplis», ce qui fait entendre la jolie phrase suivante:

Exauce ma prière et remplis
les vœux que je *fais*.

ou alors font dire:

Qu'elles retournent —
sur leurs pas.

Mais puisque nous parlons des respirations que professeurs et chanteurs croient pouvoir introduire dans les airs classiques, terminons nos citations de ce morceau par l'exemple suivant dans lequel sont introduites et marquées les respirations:

Nous croyons que cela peut s'appeler de petits morceaux. Et dire que ces gens-là croient donner et souligner les intentions en martyrisant ainsi, de pareilles œuvres.
N'insistons pas.

Le Chant du Départ.

Poésie de M. J. Chenier. Musique de Méhul.

Nous ne voulions d'abord parler que de la «Marseillaise», le chant national français, mais puisque les «Girondins» et le «Chant du départ» sont tous deux, considérés comme chants patriotiques et sont presque aussi souvent chantés que le premier, nous ne savons pas pourquoi, nous ne donnerions pas, deux exemples de plus et ne ferions pas du même coup une bonne œuvre et un travail utile.

En effet, le sont-ils assez chantés, rabâchés, galvaudés, ces chants populaires! et de quelles façons? On ne se contente pas d'y lire les nombreuses fautes de prosodie, qui le plus souvent rendent le sens de la phrase, impossible à comprendre, mais encore, chacun se croit obligé d'y apporter une interprétation des plus fantaisistes, au point d'en faire une chose profondément ridicule.

C'est pourquoi nous estimons, que la préoccupation que nous avons de donner une coupe de phrase régulière et claire, a une grande portée artistique et morale.

Ces chants deviendront ainsi, des chants d'où s'exhaleront les élans patriotiques, qui ne seront pas seulement dictés par l'habitude ou par une sotte mémoire de perroquet, mais compris par la raison et dictés par le cœur.

A l'aide d'une bonne prosodie, lorsque chacun chantera, il comprendra ce que renferment ces pensées patriotiques, c'est-à-dire que l'intelligence aura sa part dans ces épanchements vocaux. Car un travail ou une préoccupation quelconque où l'intelligence n'est pas de la partie, est un travail de brute, une préoccupation bête.

Cette nouvelle version des chants populaires s'adresse à tout le monde, mais particulièrement aux enfants, aux orphéonistes, aux amateurs, à de braves gens qui n'ont que le défaut de ne pas être initiés aux choses de l'Art, à qui nous donnerons les premières notions d'une bonne prosodie.

Sans relever toutes les fautes contenues dans les chants populaires et afin d'éviter que nos dissertations ne paraissent lourdes, nous nous bornerons à expliquer les principaux changements que nous aurons dû faire dans notre nouvelle version, à mesure qu'ils se présenteront.

Voici d'abord le premier couplet et le refrain, tels qu'ils sont écrits par les auteurs et tels qu'ils sont chantés par tout le monde:

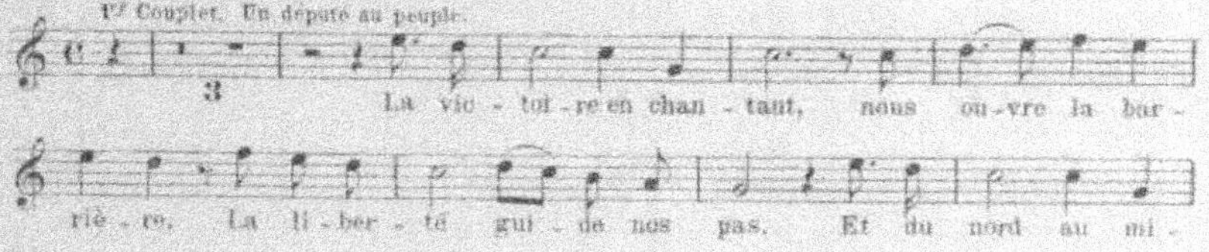

Que peuvent comprendre ces braves gens qui chantent:

La Victoire en chantant

Sinon que cette aimable victoire n'a qu'à chanter pour nous ouvrir la barrière de la gloire; et dire qu'il y en a qui trouvent le moyen de dépenser du sentiment sur des coupes de phrases aussi baroques!

On verra plus bas notre version, que nous ne donnons pas comme irréprochable, mais qui, du moins, ne prête pas à une confusion.

Il faut aussi penser que nous ne pouvons pas toujours faire ce que nous voudrions, il nous faut compter avec la phrase littéraire et la phrase musicale écrites.

Voici d'ailleurs le premier couplet tel que nous le conseillons.

Il y avait:

Et du nord au midi la trompette guerrière

ce qui n'est pas très clair, nous avons coupé ainsi:

Et du Nord au Midi,
La trompette guerrière
A sonné l'heure des combats .

«La trompette guerrière» se trouve séparée du «Nord et du Midi», pour se souder avec «a sonné l'heure des combats», ce qui devient immédiatement compréhensible.

A la cinquième mesure nous avons donné deux versions, mais nous avons maintenu la note longue sur «la» pour éviter «la li—berté», qui sonne mal.

Nous avons également, à la quinzième mesure, doublé la valeur de l'ut (Rois), afin d'éviter «Rois i—vres», qui est ridicule.

Il y aurait certainement beaucoup à reprendre au refrain, mais cela entraînerait trop loin, nous avons seulement doublé la valeur du «sol» de la première mesure, pour éviter «La Ré—publique» qui est une prosodie dangereuse.

Deuxième couplet:

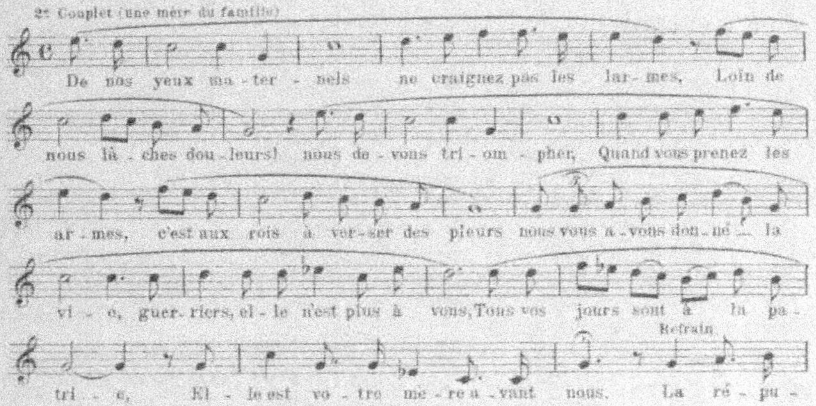

Avec de légers changements, nous avons pu arranger la prosodie du second couplet, excepté pourtant à la quatrième avant-dernière mesure.

Tous vos jours sont à la Patrie.

Nous avons dû répéter le ré de la mesure précédente, afin de faire tomber sur le temps fort le mot «jours», qui est le mot rayonnant de la phrase. Il est vrai que cela nous donne deux croches pour chaque syllabe des trois premiers temps; mais, c'est là peu de chose, quand on peut éviter des prosodies dans le genre de celle-ci: «Tous nos jours *sont*—à la Patrie»; telle que nous l'indiquons, la phrase est vigoureuse et claire.

Pour la même raison, c'est-à-dire pour mettre la syllabe forte sur le temps fort, nous avons dû à la quatorzième mesure introduire un triolet qui nous permet de commencer la mesure sur le mot important «*nous*» et éviter ainsi «Nous *vous*», ce dernier mot sur le premier temps.

Quant au reste, il suffit de lire attentivement pour se convaincre des corrections et se les expliquer.

Troisième couplet:

Pourquoi nous avons supprimé l'*ut* de la troisième mesure? C'est pour que le temps ne s'appuie pas sur une syllabe muette «*arme*» et pour donner plus de caractère à la phrase.

Nous conseillons de tenir grand compte des phrases marquées «*liés*»; cela a une réelle importance, ainsi dites avec la même respiration:

Et rapportant sous la chaumière
Des blessures et des vertus.

Sinon le sens de la phrase est confus.

Il en sera de même chaque fois que nous l'indiquons.

Les observations que nous aurions à faire étant toujours à peu près les mêmes, de même que les raisons que nous invoquons, nous devenons sobres de citations.

Les lecteurs s'inspireront des analyses des précédents couplets pour s'expliquer les changements qu'ils rencontreront sur leur chemin.

Ce dernier couplet, avouons-le, n'était pas facile à établir, il fallait donner de l'air aux premières phrases et rendre claires les suivantes; c'est ce qui explique les divers changements de notes, qui étaient absolument nécessaires.

Nous ne saurions trop recommander de suivre scrupuleusement nos indications, si on veut être compris.

Nous n'avons donné que quatre couplets sur sept. Ce sont les seuls que l'on chante.

Les Girondins.

Poésie de A. Maquet. Musique de A. Verney.

C'est pour nous un étonnement toujours renouvelé quand nous lisons un de ces chants populaires, où les paroles sont dérangées et mélangées comme à plaisir, pour rendre le sens de la phrase confus; et pourtant, c'est avec une certaine crainte que nous tentons d'en corriger la prosodie. Oui, une certaine crainte, car en le faisant nous allons contre la routine, cette terrible ennemie de ceux qui veulent marcher en avant. La Routine! Bouclier derrière lequel s'abritent les paresseux, les imbéciles et les gens de mauvaise foi.

Avouons toutefois qu'il faut une bien grande dose de bonne volonté pour découvrir dans ce chant des Girondins, ce que le poète a voulu y mettre.

Il faut remonter à quelques dix ans en arrière, pour trouver de pareilles prosodies au beau temps où on pouvait chanter impunément des choses dans ce genre:

O pleure Jeanne,
Car ton Pierre — car ton Pierre — car ton Pierre reviendra

au temps heureux, où on couvrait d'applaudissements le ténor Renard, lorsqu'il soupirait:

Eh bien — eh bien — eh bien les loups
Me l'ont — me l'ont — me l'ont mangé (bis).

Il faut croire que l'ancien ténor de l'Opéra savait poétiser ces «Melon, melon, melon mangé...»

Mais revenons aux Girondins.

Premier couplet et refrain, tels que l'auteur les a écrits:

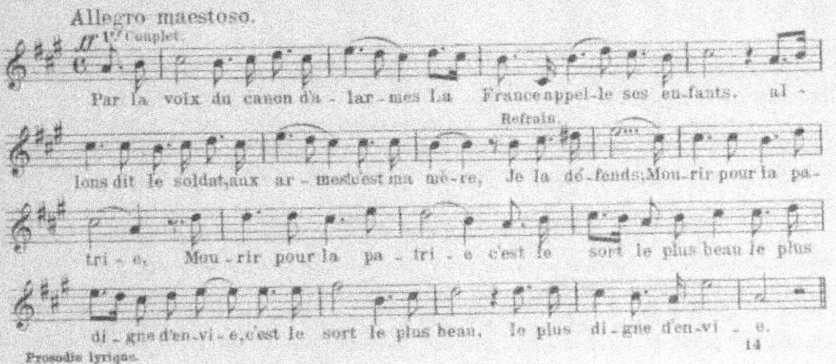

Sans nous arrêter à relever toutes les fautes de prosodie contenues dans ce couplet et ce refrain, nous ne pouvons passer sous silence certains arrangements peu faciles à expliquer. Que veut dire par exemple:

Allons, dit le soldat, aux armes
C'est ma mère.

Est-ce le soldat qui, s'adressant aux armes, leur désigne *sa mère?* C'est pourtant comme cela qu'on a prosodié.

Et puis quelle est cette idée que de lier avec une même respiration:

Je la défends
Mourir pour la Patrie

Peut-on souder deux fragments de phrases si étrangers entre eux que le sont ceux-ci?

Voici notre version:

Comme pour le chant précédent, nous avons indiqué les phrases liées et les respirations. Le chanteur devra s'y conformer strictement.

Ce signe V indique la respiration.

Premier couplet et refrain:

Le premier changement que nous introduisons dans ce couplet, est un quart de soupir placé après le «ré» de «soldat» et cela, pour donner aux chanteurs le temps de respirer ou tout au moins pour ne pas lier «soldat» et «aux armes» qui est une exclamation. Nous avons ensuite évité *«je la—*défends», c'est-à-dire que nous avons donné à *«je»* la note longue de préférence au mot *«la»* qui a moins de signification que le pronom *«je»*.

Pour ce qui suit, nous demandons pardon aux mânes des auteurs des *Girondins* d'avoir dérangé le rhythme du refrain. Ce n'est pas sans hésitation que nous nous sommes décidé à ces changements. Mais enfin, si nous avons atténué, diminué la valeur de la musique, ne pense-t-on pas que pour ce qui est de la compréhension, on y a gagné? Et puis, ne vaut-il pas mieux que les gens comprennent ce qu'ils chantent?

Niera-t-on que cela ne leur donne pas plus de nerfs et de sentiment? tandis qu'ils peuvent répéter indéfiniment et bêtement:

Mourir pour la — Patrie.

au lieu de:

Mourir — pour — la Patrie.

c'est-à-dire donner le temps fort à «pour» au lieu de le consacrer à «la», non pas à cause de la signification du mot «pour», comme pour préparer «la patrie», deux mots qu'on ne peut séparer.

Nous le répétons et le répèterons sans cesse, il faut que non seulement les chanteurs comprennent ce qu'ils disent et chantent, mais il faut encore, qu'ils le fassent comprendre aux auditeurs.

L'articulation et la prononciation aident beaucoup, mais ne peuvent rien, sans le secours d'une bonne prosodie; avec une bonne prononciation, on distingue les mots; avec une bonne prosodie, on saisit le sens de la phrase.

Deuxième couplet:

Ici, nous dérangeons le rhythme, d'autres ajouteront que nous retirons le brio et l'énergie de la phrase musicale en supprimant les doubles croches. Mais aussi ne devons-nous pas protester contre de si ridicules et usitées prosodies dans le genre de celle-ci.

De — sa dé — livrance.

Nous dira-t-on aussi que dans «les na—tions», la syllabe «*na*» sur le premier temps sonne bien à l'oreille?

Aussi, nous sommes-nous permis de ne commencer que sur le premier temps de la mesure suivante, afin que «les» soit sur le temps fort, pour éviter ainsi, «la *na*—tion» et rendre la phrase plus énergique.

Quant au changement: «sert de rançon», nous savons que personne n'y trouvera à redire; il s'imposait.

Troisième couplet:

Pour ce troisième couplet, nous conseillons de souligner les mots «mère», «épouse», «amantes» et de les séparer intentionnellement; sans cela le sens de la phrase est difficile à saisir.

Quant au changement «de donner», ce qui le motive, c'est la note longue qui était échue au mot «comme» auquel nous avons substitué le mot «donner» qui est le mot important de la phrase. Nous savons que ce n'est pas merveilleux, entre deux maux nous avons choisi le moindre.

AUX LECTEURS

Nous eussions préféré, au lieu des petites phrases que le plus souvent nous donnons comme exemple dans notre ouvrage, ne citer que de grandes scènes d'opéras, qui auraient pu nous fournir un champ d'observations plus vaste.

Ce travail eût été plus intéressant pour le lecteur et pour nous.

Deux objections cependant se sont présentées à nous:

D'abord nous nous sommes dit: Bien que messieurs les éditeurs soient des artistes très aimables pour nous(1), nous ne pouvons pas non plus, abuser de leur obligeance en donnant des pages entières de leurs œuvres.

La seconde objection?

Nous avons craint de fatiguer le lecteur par de longues discussions, sur un sujet nouveau. De plus, les longs discours nous eussent empêché de citer une grande quantité d'exemples, ce que nous tenions surtout à faire, afin de donner ainsi un aperçu général de la prosodie lyrique et montrer son rôle dans l'opéra, les traductions, les classiques et même l'opérette.

Dans notre prochain volume qui est également consacré à la prosodie, nous analysons non seulement les œuvres des compositeurs que nous n'avons pas mentionnés ici, mais encore et surtout les œuvres de Wagner; c'est assez dire que nous devrons forcément disserter longuement sur des exemples renfermant des scènes entières; nous y étudierons la valeur de la phrase et celle des mots types. Nous y rechercherons l'idée maîtresse de l'auteur, son intention prosodique en sa langue et y traiterons du résultat obtenu et que peut obtenir la traduction de l'œuvre.

Aujourd'hui, nous avons voulu familiariser le lecteur avec la Prosodie lyrique, c'est pourquoi nous avons parlé de tous les genres, nous avons cherché à ne pas fatiguer, nous avons voulu être clair et bref.

Y avons-nous réussi?

---

(1) Ils nous l'ont bien prouvé lors du « Chant et la Voix ». Nous leur adressons encore tous nos remerciements.

POUR FINIR

L'opinion de nos lecteurs doit être faite. Nul n'aura pu se méprendre sur la pensée qui nous a guidé en écrivant «La Prosodie lyrique». Tous y auront vu autre chose que la sotte satisfaction de citer des auteurs pris en flagrant délit de lèse-prosodie. Nous ne sommes, heureusement, pas de ceux qui nourrissent de ces préoccupations mesquines, lesquelles n'ont rien à voir avec l'art.

Notre pensée, notre aspiration, notre but, sont plus élevés. Nous croyons fermement, comme nous le disons dans notre préface, que la solution du problème des «insuccès inexpliqués au théâtre» avait sa solution dans l'étude de la prosodie. Le jour où tout le monde entendra et comprendra une pièce, on l'écoutera et on s'y intéressera. Or, on comprendra, le jour où on prosodiera bien.

Maintenant, que nous avons fait nos réserves, en ce qui regarde les auteurs que nous citons dans cet ouvrage et qu'il ne peut y avoir de méprise, même pour ceux qui seraient mal intentionnés, nous ajouterons que nous croyons avoir fait notre devoir et aussi œuvre d'artiste, en écrivant la Prosodie. Nous n'avons rien à y retrancher et attendons sans peur l'arrêt du public.

M. Mayan.

TABLE DES MATIÈRES

www.ingramcontent.com/pod-product-compliance
Ingram Content Group UK Ltd.
Pitfield, Milton Keynes, MK11 3LW, UK
UKHW022055260726
13993UKWH00001B/138